II

Etapas historiográficas, perspectivas y disciplinas de la semántica

Capítulo 7
Del historicismo al preestructuralismo semánticos[110]

1 Tras una etapa clásica de la semántica, que se remonta a los orígenes del estudio del significado, auténtica «semántica tradicional» en la que se comprueba la existencia, paralelamente a una tradición gramatical, de toda una tradición de estudios y teorías sobre la significación, esta disciplina se inaugura como descripción científica en el siglo XIX inscrita en un ambiente lingüístico típicamente historicista. Es por ello que a esta primera etapa de la disciplina se le conoce con el nombre de *semántica histórica*, perspectiva que se caracteriza por el desarrollo de dos modelos de teoría de la significación: el *germánico* y el *francés*, con muchos puntos en común, pero que van a utilizar términos distintos para denominar a esta ciencia: *Semasiología* y *Semántica*, respectivamente.

En el *I Congreso Internacional de Historiografía Lingüística*, celebrado en La Coruña, trazamos un breve panorama historiográfico (cf. Casas Gómez 1999b) de las concepciones que significaron el inicio y desarrollo de la semántica como ciencia, ocupándonos de estos dos modelos de la semántica histórica, con atención preferente a las denominadas «leyes» semánticas, la descripción de la confusión conceptual de los términos *semasiología* y *semántica*, las distintas propuestas para deshacer esta competencia, así como la posterior repartición terminológica entre *semántica*, *semasiología* y *onomasiología*. Pero existen, en el devenir de esta disciplina lingüística, otras etapas con diferentes clases de contenido, procedentes en ciertos casos del influjo de diversos factores extralingüísticos en el ámbito semántico, que se desarrollaron en el siglo XX a partir, sobre todo, de las aportaciones saussureanas, algunas de ellas de sumo interés para la elaboración posterior de nuevas tendencias semánticas. De estas etapas con sus diferentes perspectivas

---

110. Este trabajo se publicó en 1998, bajo la edición de Feliciano Delgado León, M.ª Luisa Calero Vaquera y Francisco Osuna García en *Estudios de lingüística general. Actas del II Simposio de Historiografía Lingüística (Córdoba, 18-20 de marzo de 1997)*, Córdoba: Universidad de Córdoba, 159-184.

y contenidos nos vamos a ocupar en el presente capítulo en un intento de aportar nuevos materiales para una historia de la semántica.

2. Desde su nacimiento en el siglo XIX como rama de la investigación lingüística hasta la celebración del *VIII Congreso Internacional de Lingüistas* (Oslo, 1957), fecha y acontecimiento relevante que va a marcar el interés por los estudios semánticos y el comienzo de la *semántica moderna*, pues se sentaron las bases de una verdadera semántica estructural con aquella sesión plenaria sobre el tema «To what extent can meaning be said to be structured?»[111], que contó con las ponencias de Hjelmslev (1958: 636-654 y 1959: 96-112) y Wells (1958: 654-666), la semántica como ciencia ha abarcado, por lo menos desde el punto de vista lingüístico, las siguientes clases de contenido[112], cuya distribución corresponde en parte a diversas perspectivas de esta disciplina: *semántica histórica* (1), *semántica «tradicional»* (2 y 3) y *semántica preestructural* (4 y 5):

---

111. Además de Hjelmslev y Wells, en la discusión de esta sesión plenaria intervinieron lingüistas como Prieto, Potter, Wüster, Buyssens, Eringa, Ullmann, Glinz, Pottier, Perrot, Siertsema, Seiler, Bechert, Garvin, Coseriu, Cohen, Herdan, Hatcher y Hill (cf. *Proceedings of the Eighth International Congress of Linguists,* Oslo, 1958, 636-704, esp. 666-704).

112. Una vez instaurada la semántica moderna a partir de la década de los sesenta, la estructura general del contenido de nuestra ciencia, no solo va a desarrollar algunos de los aspectos tratados por las perspectivas histórica, «tradicional» y preestructural, como los estudios sobre cambios de significado en estrecha conexión con la etimología, las teorías y modelos de análisis sobre la naturaleza y tipos de significado, los nuevos enfoques sobre los métodos onomasiológico y semasiológico, etc., sino que también va a ampliar estos, centrándose, entre otros (algunos de ellos, concretamente los números 1, 7 y 13, han sido citados por Bustos Tovar 1977: 151), en los siguientes puntos: 1) estudios sincrónicos, a veces también diacrónicos (al contrario de lo que ocurría en la semántica preestructural), sobre campos léxicos, formulados desde distintos planteamientos tanto en lo que atañe a su delimitación como a los métodos de análisis; 2) caracterización de las marcas semánticas y tipología de las oposiciones léxicas; 3) descripción de las características formales que rigen las terminologías en oposición al lenguaje común; 4) acercamientos teóricos y metodológicos a las unidades de la semántica; 5) implicaciones lingüísticas de los niveles del significar en el ámbito de las relaciones entre los significados de los signos y la teoría de la traducción; 6) descripción funcional de las relaciones semánticas, en especial la polisemia y, sobre todo, aquéllas que parten del significado y no del significante como la hiperonimia-hiponimia, la sinonimia y la antonimia; 7) estructura, funcionamiento y tipología de los signos empleados en el acto de comunicación; 8) estudios sobre variación semántica diatópica, diastrática, diafásica y diacrónica; 9) delimitación y criterios de definición y clasificación de las expresiones fijas; 10) trabajos sobre formación de palabras desde el punto de vista del contenido; 11) concepciones teóricas y metodológicas sobre las disciplinas semánticas; 12) aspectos teórico-metodológicos de la interrelación entre semántica, lexicología y lexicografía/metalexicografía y los problemas de la teoría y tipología lexicográficas; 13) análisis sobre el significado en los distintos planos lingüísticos: semántica morfológica, semántica léxica, semántica suboracional o del grupo de palabras, semántica oracional y semántica textual; 14) fundamentos teóricos de la delimitación entre semántica y pragmática, y 15) estudios semánticos desde la psicología cognitiva: semántica prototípica, semántica cognitiva y semánticas mixtas.

1) estudio de los significados de las palabras y las leyes de su evolución semántica, esto es, los diferentes tipos de cambios semánticos y sus «causas» o motivaciones, que obedece a la formulación recibida por sus
fundadores, Reisig (1839: 286-307) y Bréal (1883: 132-142 y 1897), en el
siglo XIX;

2) análisis en torno a los componentes del signo lingüístico, en especial sobre la esencia del significado, tipo de semántica que se ha conocido con
el nombre de *semántica analítica* o *referencial*, pues considera el modo
en que lo extralingüístico penetra en el dominio de los signos lingüísticos. Se trata de modelos analíticos que parten del «triángulo semiótico»
o «triángulo de significación» de Ogden y Richards (1923: cap. I), adap-
tado y revisado más tarde por Stern (1931: 37-38), Ullmann (1951: 31-34,
1952: 19-24, 1956: 13-17, 1957: 70-73, 1964a: 54-64, 1964b: 17-23, 1973:
5-8), Baldinger (1956: 153, 1957: 14-15, 1964a: 18-19, 1977: 19-20 y 27-31)
y Lyons (1968: 403-405 y 1977: 95-99) en sus respectivas teorías semánticas y matizado posteriormente, sobre todo, en los modelos «trapezoidales» de Heger (1965: 7-32, 1969a: 47-111, 1969b: 44-66, 1971: 22-48, 1974:
1-32 y 136-207, y 1981: 61-72), los cuales han tenido repercusiones en lo
que concierne especialmente a las relaciones y distinciones entre *significado*, *semema* y *concepto*;

3) ensayos sobre los fundamentos teóricos del acto de la comunicación: estructura y funcionamiento de la onomasiología y semasiología, como
aspecto que deriva del anterior, concretamente de la relación no simétrica significante-significado, pues sus diversas concepciones metodológicas han servido de punto de arranque de desarrollos posteriores de la
semántica. En estrecha conexión con estas investigaciones sobre el significado y su definición y las relaciones entre este plano y el del significante en el ámbito de un análisis global del signo lingüístico, la semántica
«tradicional»[113] se ha ocupado también, como ya hicieran los clásicos, de
determinar las diferentes relaciones semánticas, en especial la polisemia,
la homonimia y la sinonimia;

4) aportaciones saussureanas como la distinción entre «significación» / «valor» y el establecimiento de la idea de «red asociativa», que suponen
sendas contribuciones relevantes para los progresos ulteriores de la semántica estructural, pues del primer aspecto deriva el concepto de «oposición» dependiente estrechamente del valor diferencial de los signos y
del segundo la elaboración de distintas alternativas de «configurar», no

---

113. Un desarrollo de los contenidos y tendencias de la «semántica tradicional» como etapa historiográfica puede verse en Casas Gómez (2009a: 113-150).

de estructurar, el léxico de una lengua, como las diversas modalidades de asociaciones significativas (*campo asociativo, campo nocional* y *campo morfosemántico*), y

5) la labor investigadora llevada a cabo en el terreno de la semántica por un grupo de estudiosos continuadores de la concepción humboldtiana de la lengua (cosmovisión del mundo, forma interior del lenguaje, etc.), especie de presemántica estructural conocida, entre otras, con las denominaciones de *gramática del contenido*, «*investigación del contenido lingüístico*» (*Sprachinhaltsforschung*), *semántica neohumboldtiana, lingüística energética, concepción lingüística integral* o *escuela de Bonn*, que han llevado a cabo desde sus planteamientos, en el marco de la teoría del campo lingüístico, diferentes estudios, fundamentalmente diacrónicos, sobre estructuras léxicas parciales de la lengua.

3. No obstante, en los tratados generales de semántica no se distinguen claramente estas tres perspectivas de la disciplina en la primera mitad del siglo XX, hasta el punto de que todos estos contenidos se incluyen dentro de la denominada comúnmente *semántica tradicional*. En esta línea, hemos de aclarar primeramente, desde el punto de vista terminológico, la ambigüedad de los términos *histórico* y *tradicional* y, en consecuencia, las etiquetas *semántica histórica* y *semántica tradicional*, que adquieren cada uno en la teoría de la significación dos valores, ya que aluden, respectivamente, tanto a un método de análisis lingüístico como a una perspectiva de la semántica. En este sentido, con objeto de establecer las asociaciones que vinculan lo «tradicional» con lo «histórico» en el nacimiento de esta disciplina, así como lo «histórico» con lo «tradicional» en su evolución posterior, mantenemos, junto al término de *semántica histórica*, la denominación de *semántica tradicional* para recubrir aquella etapa continuadora, en un principio, de los postulados historicistas de la semántica del siglo XIX y que alcanza su máxima expresión y desarrollo en la primera mitad del siglo XX con los diferentes modelos geométricos de investigación acerca del significado (la llamada *semántica analítica* o *referencial*) y los nuevos enfoques de los métodos onomasiológico y semasiológico, mientras que sustituimos el término *tradicional* por el de *semántica preestructural* para los dos últimos contenidos que hemos expuesto, referidos a las aportaciones saussureanas, especialmente en lo que ha dado origen a la *semántica asociativa*, que, en modo alguno, según veremos, podemos catalogarla, como así la han integrado ciertos autores, como perteneciente a la semántica estructural, y, sobre todo, la *investigación del contenido lingüístico* en el marco de la teoría de campo, a la que ya algún autor ha calificado de «pre-estructural» (cf. Martínez Hernández 1990: 1010).

Estas disquisiciones terminológicas se justifican, además, por las siguientes razones: 1) los conceptos «histórico» y «tradicional» se han venido confundiendo en la historia de la semántica, sobre todo, en los planteamientos de algunos autores[114]; 2) la diferenciación de la perspectiva «tradicional» de la semántica respecto a la tradición de los análisis sobre el significado iniciada en la Antigüedad Clásica, para la que podemos reservar el término de *semántica clásica* o simplemente tradición de estudios y teorías sobre la significación, y 3) la incorporación en esta etapa previa a la semántica moderna de una serie de líneas de investigación que calificamos globalmente de *preestructural*, entre otras razones, porque van a servir de enlace y conexión con los avances posteriores de la semántica en la segunda mitad del siglo XX, en especial con la semántica estructural llevada a cabo en la década de los años 60 y 70.

4. Una vez distribuidos los aspectos correspondientes a las distintas visiones o etapas de la semántica en la primera mitad del siglo pasado, vamos a centrarnos en la descripción de los contenidos específicos que caracterizan a la semántica preestructural.

4.0. Es bien sabido que, pese a sus inicios historicistas, el desarrollo de la semántica como descripción científica tiene su germen de inspiración en la concepción lingüística de Ferdinand de Saussure (1916 [1922]: 170-175), quien, con su concepto de «lengua» como sistema donde los signos mantienen relaciones sintagmáticas y asociativas, abrió un nuevo horizonte a esta parte de la lingüística que acababa prácticamente de nacer. En efecto, su *Cours de linguistique générale* contiene, entre otras muchas aportaciones a la lingüística moderna, principalmente dos aspectos que han tenido una enorme trascendencia en el desarrollo posterior de la semántica[115].

4.1. De un lado, la distinción entre la «significación» y el «valor» (Saussure 1916 [1922]: 158-162), que naturalmente «ha facilitado la concepción estructural de la lengua», si bien tiende, por otra parte, a «reducirla a un formalismo alejado de toda semántica» (Rodríguez Adrados 1967: 195-196) con derivaciones tanto en la

---

114. Véase, por ejemplo, el siguiente texto de Salvador (1988: 640): «Todas las posibles leyes semánticas, de la semántica tradicional o de la semántica estructural, quedan en entredicho con estas dos palabras españolas…», en el que, con referencia a un semantista histórico como Bréal y contraponiendo su perspectiva con la de la semántica diacrónica estructural o investigación histórica de la lexemática, habla, sin embargo, de leyes de la semántica tradicional, en vez de leyes de la semántica histórica.

115. Una sucinta explicación de estas dos aportaciones puede verse en Casas Gómez (1986b: 37-38 y 42-43, nn. 5 a 9).

lingüística europea como americana[116], y cuyos términos en modo alguno debemos utilizar como sinónimos, pues el maestro ginebrino separaba nítidamente el concepto o representación de una «idea» de la estructura significativa interna; oponía a la estructura conceptual o significación la propiamente idiomática y aquélla estaba bajo la «dependencia» del valor o estructura semántica (cf. Trujillo 1988: 123). Cosa distinta es que su concepto de «valor» no aparezca correctamente caracterizado[117], como demuestra el hecho de que su formulación para los signos del sistema coincida en realidad con el llamado «principio de no contradicción»[118] que se aplica generalmente a la terminología técnico-científica, postulado que, por cierto, tampoco funciona en el ámbito de los términos[119]. De otro lado, en estrecha relación con el concepto de «valor» diferencial, nos encontramos también con la idea saussureana de que las palabras se engranan en series o redes asociativas en torno a un determinado vocablo[120], circunstancia que ha generado la aparición

---

116. Nos referirnos a las implicaciones que tal discusión ha tenido en el behaviorismo americano y en los planteamientos de la glosemática danesa, donde está la base metodológica de la descripción de la lengua, organizada en la forma lingüística, que pone límites a ese «continuo» que es la realidad. Véase al respecto la posterior reelaboración que de estos conceptos hace Hjelmslev (1959: 96-121).

117. Tal como ha sido objetado por diferentes autores. Así, por ejemplo, la escuela de Praga había criticado la concepción saussureana del valor lingüístico como un concepto puramente negativo. En este sentido, Karcevskij (1929: 89-90) considera que, para su establecimiento en el sistema de la lengua, se precisa que entre los términos en cuestión exista, además de ciertas notas diferenciales, una base de comparación. Reproduciendo unas palabras de su introducción al *Système du verbe russe* (Prague, 1927), nos dice: «Il est devenu lieu commun d'affirmer que les valeurs linguistiques n'existent qu'en vertu de leur opposition entre elles. Sous cette forme, cette idée conduit à une absurdité: un arbre est un arbre parce qu'il n'est ni maison, ni cheval, ni rivière… L'opposition pure et simple conduit nécessairement à un chaos et ne peut servir de base à un système. La vraie différenciation suppose une ressemblance et une différence simultanées. Les faits pensées forment des séries fondées sur un élément commun et ne s'opposent qu'à l'interieur de ces séries». En la obra saussureana, se insiste repetidamente sobre diferencias, pues los signos quedan, unos con otros, definidos negativamente. Y esta condición no es suficiente para poder hablar de oposición lingüística, ya que se necesita obligatoriamente, además de unas notas disjuntas, unas características comunes. Cf. también Trubetzkoy (1964: 69); Alarcos Llorach (1968: 47: «toda oposición presupone no solo las propiedades mediante las cuales se distinguen sus miembros, sino también las propiedades que son comunes a los dos miembros y que constituyen la base de comparación»), y Gutiérrez Ordóñez (1981a: 224, n. 22), que recuerda cómo esta mayor insistencia saussureana sobre la disyunción (diferencias) motivó una singular polémica entre Buyssens y Frei.

118. Según el cual, en las clasificaciones terminológicas, cada elemento es distinto de todos los demás y es inconcebible «qu'un terme soit le contraire d'un autre, et, en même temps, englobe son contraire» (Coseriu 1966: 182; también 1987: 177-178). Sobre este principio coseriano, véanse nuestras recientes consideraciones (Casas Gómez 2022a: 245-246 y 248-251 y 2023b: 185-217).

119. Como hemos intentado explicar en nuestro examen de los principios lexemáticos que rigen las terminologías (cf. Casas Gómez 1994: 100-104 y, más recientemente, 2022a: 248-251 y 2023b: 185-217).

120. Explica Saussure (1916 [1922]: 173-173) que los signos se relacionan en asociaciones y gracias a estas adquieren su valor propio, que depende de los demás signos que constituyen el sistema. Según él (1916 [1922]: 174), «un terme donné est comme le centre d'une constellation, le point où

de un tipo de semántica, de carácter asociativo, que elabora toda una serie de modelos de organizar, agrupar, sistematizar o configurar –de ahí el término de «*configuraciones*» asociativas en la lexemática coseriana–, pero, de ningún modo, de estructurar semánticamente mediante rasgos y oposiciones el sistema léxico de una determinada lengua[121].

4.1.1. Este concepto de «relación asociativa» será recogido y elaborado ulteriormente por su discípulo Bally, quien, basándose en hechos de orden psicológico (cf. Trujillo 1970: 75), lo reduce a asociaciones puramente «semánticas» (cf. Ullmann 1964a: 239). De esta forma, manifiesta que «les signes qui déterminent plus particulièrement la valeur de celui qu'ils entourent dans la mémoire forment son 'champ associatif'», constituyendo este un halo «qui entoure le signe et dont les franges extérieures se confondent avec leur ambiance» (Bally 1940: 195; también 1965: 133-134). Se trata de una noción relativa e inestable, ya que en la lengua todo está, al menos indirectamente, asociado a todo. Además, el *campo asociativo* difiere de una persona a otra y de un grupo social a otro. Para poner en práctica su concepción, ejemplifica con el famoso campo asociativo de la palabra *boeuf* (1940: 196), en cuyas series notamos la confluencia, junto a lo que conformarían el posible establecimiento de relaciones paradigmáticas y sintagmáticas[122], de asociaciones extralingüísticas basadas en la propia y particular concepción de la realidad.

---

convergent d'autres termes coordonnés, dont la somme est indéfinie». Establece de esta manera cuatro series de diversa índole en la constelación asociativa de *enseignement* (1916 [1922]: 175). Años más tarde y en plena progresión creciente de los estudios semánticos, Bustos Tovar (1967: 149-170) hace una revisión del campo asociativo de la palabra. Tomando como base el diagrama de Ogdens y Richards (1923), amplía el esquema de los ejes de integración saussureanos.

121. Como afirma Coseriu (1968: 7), estos campos asociativos no constituyen «structures au sens propre du terme mais de 'configurations'». Véase la explicación que, por ejemplo, de las diferentes agrupaciones saussureanas hace Trujillo (1970: 74) para comprobar que tales relaciones no forman realmente ningún sistema estructural. En esta línea, concluye que la noción de «campo asociativo» es ajena al concepto de estructura: «Se trata de un concepto que escapa a la Semántica estructural, pero útil y hasta necesario a veces a otros niveles del estudio del contenido» (1970: 75).

122. Es lo que ocurre con la serie semántica *boeuf, taureu, veau* de este conocido campo, cuyos elementos presentan una clara oposición semántica, o con la solidaridad léxica de *selección* sintagmática, no *implicación* (tal como asegura Coseriu 1966: 180), que entablan las asociaciones «boeuf»-«beugler». Véase en este sentido la diferenciación que establece el lingüista rumano (1966: 180 y 185-186) entre las distintas asociaciones que sugiere en el habla el objeto «buey» y los comentarios y clasificación que Ducháček (1960: 24-25) realiza sobre estas series asociativas. Por otra parte, ya el propio Saussure, cuando formula las diversas series de relaciones asociativas, señala en una de ellas que los signos de un sistema pueden asociarse por la mera analogía de sus significados. Así, el ejemplo propuesto (*enseignement*) mantiene una vinculación onomasiológica, motivada por una semejanza de significado, con *instruction, apprentisagge, éducation*, etc. Tales asociaciones semánticas en el eje de la semejanza constituyen una excepción en este tipo de configuraciones, pues son las únicas que desde esta perspectiva de análisis no establecen relaciones designativas de carácter extralingüístico entre los elementos de un

4.1.2. En esta misma línea de trabajo, es obvio citar los *campos nocionales* de Matoré (cf. 1953: 63-65), cuya teoría no pretende ser lingüística al concebir la lexicología como una «discipline sociologique utilisant le matériel linguistique que sont les mots» (1953: 50). Para el instaurador de uno de estos modelos de «configuraciones» asociativas, las palabras tienen una existencia social, se encuentran relacionadas sintagmáticamente en el contexto y, fuera de él, se asocian en la conciencia a otras palabras que se les parecen ya sea por la forma, ya por el sentido (1953: 21 y 63). Desde esta óptica, los diferentes elementos del vocabulario pueden ser determinados por un cierto número de unidades léxicas significativas o «palabras-clave» (*mots-clé*) que caracterizan el estado moral, intelectual, económico, técnico, etc. de la sociedad, y de las que depende una red funcional de «palabras-testigo» (*mots-témoin*), con frecuencia neologismos correspondientes a conceptos nuevos que surgen en un momento particular de la historia social de una colectividad, que coordinan y jerarquizan la «estructura» lexicológica de los respectivos campos nocionales (Matoré 1953: 65-70) y, a partir de las cuales, «on pourrait constituer un tableau englobant l'ensemble du vocabulaire à un moment donné et établir des comparaisons entre le vocabulaire de deux époques ou de deux groupements sociaux différcnts» (Matoré y Greimas 1948: 417).

Piénsese, desde este punto de vista, en la influencia, que apenas hemos visto comentada en los estudios semánticos[123], de las «esferas de pensamiento» de Sperber (1923: 45-49 y 56-69), que actúan sobre el lenguaje mediante «centros de atracción *y* expansión», cuyo predominio dependerá como es natural de cada individuo o de una determinada época, que conlleva, a su vez, un determinado vocabulario sociológico, en este modelo de carácter asociativo y, en concreto, en el análisis de las

---

campo asociativo. Precisamente, como hemos visto, son estas conexiones significativas, junto con otras que exceden los límites semánticos propiamente dichos desde una perspectiva lingüística, las únicas asociaciones que su discípulo Bally tiene en cuenta en la elaboración de su campo asociativo. Este aspecto también podemos comprobarlo en la revisión que Bustos Tovar (1967: 149-170; cf. n. 120) efectúa del campo asociativo de la palabra con la distinción de hasta seis núcleos de relaciones de carácter asociativo. Si bien es cierto que algunas de las series que aduce el lingüista español no tienen un carácter marcadamente lingüístico, en otras, por el contrario, observamos la presencia de ciertas relaciones paradigmáticas, como son los casos de los núcleos III y IV de su análisis de la palabra *calor*, constituidos por los «sinónimos» (*bochorno, fiebre, fervor, ardor*, etc.) y antónimos (*frío, fresco, sombra, calosfrío*) del vocablo tomado como eje central del campo.

123. Insinúa esta idea Guiraud (1955: 86) al final de su exposición esquemática de la lexicología de Matoré: «L'étude des "sphères de pensée" de Sperber, celle des "carrefours linguistiques" de Berlin-Milleron mettent en évidence l'aspect psychologique et linguistique (*stricto sensu*) de ce problème». Para un panorama historiográfico general en el ámbito de la semántica histórica y, en particular, sobre ciertos conceptos clave, como los de «contagio», «consociación», «centro de interés» y otros equivalentes relacionados con los estudios sobre el cambio semántico en determinados autores germánicos, véanse los trabajos recientes de Sánchez-Saus Laserna (2012: 86-101, 2019, 2023a: 155-178 y 2023b: 134-159).

«palabras-clave» que se detectan en la sociedad de una época determinada, objeto de la lexicología de base sociológica o lexicología social preconizada por Matoré[124].

4.1.3. Hay, por último, otro modelo que nos interesa subrayar: el *campo morfose-mántico* de Guiraud[125], mediante el cual una palabra dada se confronta con el conjunto de vocablos y locuciones susceptibles de mantener con ella relaciones de forma y de significado. Se trata de un tipo de análisis que ha tenido diversas aplicaciones lingüísticas, como su utilidad, desde una perspectiva histórica, para la reconstrucción etimológica, su adaptación a la lexicología dialectal –tal es el caso del campo semántico-etimológico de Molina Redondo[126]– y la perfecta sistematización que ofrece a distintos fenómenos como la jerga, el eufemismo y el disfemismo[127].

Hemos de indicar que explícitamente las posibilidades estructurales de esta teoría, aunque no su rendimiento lingüístico, fueron ya negadas por su creador, que, en el artículo donde elabora teóricamente este concepto, hace constar que su concepción no es estructural y, de ninguna manera, puede esta ser comparable a la estructuración de la fonología o morfología, pese a que no ha podido evitar el empleo de términos como *sistema*, *estructura*, *estructurar* o *estructuración*, que no deben tomarse

---

124. Para la «lexicologie sociale» que este autor propugna, cf. Matoré (1948: 411-419 y 1950: 208-221, en colaboración con Greimas); (1959: 301-306); (1961: 91-106), y principalmente su obra de 1953, *La méthode en Lexicologie,* en la que expone los principios que rigen su método lexicológico; establece un plan para el estudio del léxico en 1960-1970 y para la generación de 1765 con el análisis del campo nocional de «arte» y «técnica» hacia la misma época (pp. 75-79 y 102), y analiza como apéndice el campo nocional de «arte» y «artista» entre 1827 y 1834 (pp. 99-117). Véanse también otros estudios prácticos, como su propia tesis sobre *Le vocabulaire et la société sous Louis-Philippe* (1967) o sus análisis de los campos nocionales de «monstre» (1980: 359-367) y «espace» (1986: 3-11) en el siglo XVI. Su pensamiento y método fueron continuados por algunos autores, concretándose en trabajos importantes como la tesis de Greimas (1948) sobre la «moda» en 1830 o la de Quemada (1949) sobre el «comercio amoroso» en las novelas mundanas (1640-1670).

125. La elaboración teórica de este modelo aparece en su artículo (1956: 265-288). Más tarde, desarrolló diversos trabajos prácticos (cf. 1966a: 280-308, 1966b: 128-145 y 1968: 96-109), y los que incluye en su monografía sobre estructuras etimológicas del léxico francés (1967: 125-154).

126. Quien reconoce explícitamente como uno de sus modelos y antecedentes inmediatos el «campo morfosemántico» de Guiraud, pero «mientras Guiraud atiende a las relaciones "tanto" morfológicas "como" semánticas, nosotros partimos de la base de que las relaciones tienen que ser al mismo tiempo morfológicas y semánticas: esto tiene como consecuencia que en el método preconizado por Guiraud se pueda partir o bien de palabras que poseen un mismo elemento formal o bien de palabras que tienen una misma base sémica, en tanto que con el nuestro solo es posible un punto de partida: las palabras que tengan a la vez un mismo elemento formal y una misma base sémica: de aquí que hayamos preferido la denominación de campo "semántico-etimológico"» (Molina Redondo 1971: 29; cf. también su artículo sobre el campo semántico-etimológico de *cabeza* [+ sufijos] en andaluz [1972: 279-230]).

127. Una detallada exposición de los argumentos teóricos de la aplicación del campo morfosemántico al proceso eufemístico/disfemístico puede verse en nuestro artículo específico sobre el tema (1986b: 35-51) y en la introducción del cap. 4 de nuestra monografía sobre la interdicción lingüística (1986a: 97-109).

con el valor que estos adquieren desde una visión estructuralista[128]. Entre las críticas que este tipo de campo ha recibido, quisiera destacar las que, a pesar de lo expuesto, le ha formulado Geckeler (1971: 169-172) en el sentido de que este modelo no responde a las exigencias de una teoría aplicada puramente al contenido (por su naturaleza asociativa, por la inclusión de relaciones pertenecientes exclusivamente al plano de la expresión y por su no distinción entre «arquitectura» y «estructura» de la lengua, sobre todo en lo que concierne a la diferenciación diatópica y diastrática de los lexemas del campo). Aunque este autor olvida la citada consideración de Guiraud sobre el carácter «estructural» de su teoría, tales objeciones son plenamente justificables dada la concepción que este lingüista sostiene en otros trabajos, por ejemplo, en su manual de semántica (1955: 81), donde llega a enjuiciar el método lexicológico de Matoré como «un des développements les plus récents de la sémantique structurale (…), qui substitue la notion de structure à une étude "atomique" des mots considérés isolément», cuando se trata en realidad de una modalidad de análisis (el campo nocional), análogo −desde el punto de vista asociativo− al campo morfosemántico por él propuesto, teoría esta última que, además, es la más lingüística −frente al basamento psicológico o sociológico de los modelos anteriores−, pues se trata de la modalidad que mayores garantías ofrece para la sistematización, no estructuración, de los diferentes elementos léxicos y de sus respectivos mecanismos lingüísticos[129].

4.2. Por lo que respecta al otro contenido específico que hemos integrado dentro de la semántica preestructural, se trata de una concepción lingüística integral que desarrolla una gramática completa del contenido[130]. Aunque fundada a partir de los años 50 por Weisgerber[131], esta escuela de investigación[132], que cuenta como

---

128. «Je n'ai pu éviter l'emploi des mots *système, structure, structurer, structuration*, ne serait-ce que dans l'impossibilité de dire "champêtre": mais on évitera de prendre ces mots dans le sens que leur donne la phonologie ou la morphologie structurales» (Guiraud 1956: 286-287).

129. Véase, por ejemplo, como aplicación de esta teoría asociativa al ámbito interdictivo, nuestra propuesta (1986c: 599-622) de un esquema de los recursos formales y semánticos que subyacen en las diferentes creaciones eufemísticas o disfemísticas, así como su tratamiento teórico y descripción ejemplificada de cada uno de ellos en el cap. 4 de nuestra monografía (1986a: 111-251).

130. Para una actualización de la tradición neohumboldtiana en la semántica estructural, véase el apartado 4 del estudio de Casas Gómez / Hummel (2021: 1-23).

131. Las aportaciones de este autor a una lingüística centrada en la investigación del contenido se encuentran dispersas en numerosas obras. Véanse, fundamentalmente, además de su revisión crítica (1927: 161-183) de los conceptos «Bedeutung», «Bedeutungswandel» y «Bedeutungslehre», en la que propone una precisión y restricción del uso del término *significado*, sus trabajos (1951-52: 138-143, 1954: 34-49, 1962a, 1962b: esp. 47-57 y 79-297, 1963 y 1964: 23-46). Una visión panorámica de su pensamiento lingüístico y, en particular, de su gramática del contenido puede consultarse en su obra *Dos enfoques del lenguaje* (1979: esp. 80-87 y 167-182).

132. Sobre la doctrina de Weisgerber y su escuela, véanse los datos significativos que aportan Seiffert (1968a: 93-108), que examina ciertos aspectos de teoría lingüística de esta escuela a partir de la

órgano de expresión con una bibliografía semántica (*Bibliographisches Handbuch zur Sprachinhaltsforschung*) dirigida por Gipper y Schwarz desde 1962, recoge los planteamientos anteriores de la teoría del campo lingüístico[133], representada por autores como Meyer (1910: 352-368), Ipsen (1924: 200-237, esp. 225 y 1932: 1-18, esp. 13-15), Jolles (1934: 97-109) y, sobre todo, Trier[134] y Porzig (1934: 70-97, 1957: 117-135 y 1959: 158-167, esp. 158-164). Con presupuestos no del todo lingüísticos, en especial filosóficos, y la utilización de una metodología más bien filológica, estos autores, en especial, Trier (1931: 3), considerado como el padre y fundador de esta teoría[135], defendían, partiendo de la idea de que nuestros conceptos abarcan

---

revisión de los libros de la serie «Sprache und Gemeinschaft» la cual «marks a further stage in the amplification of the linguistic theory of the Bonn group around Leo Weisgerber» (p. 93), y Dittmann (1980: 40-74 y 157-176), quien realiza una valoración específica de determinadas distinciones conceptuales y terminológicas de la lingüística weisgerberiana y una reseña crítica de los investigadores más representativos de su grupo de trabajo. Un panorama global en este mismo sentido aparece expuesto en Szemerényi (1986: 262-291), que ofrece una visión de conjunto sobre la lingüística general en Alemania en los años cincuenta desde las directrices esenciales de Weisgerber y los representantes de la «Escuela de Bonn», en especial Gipper y Glinz, hasta Coseriu, que va a desempeñar, si bien a principios de la siguiente década, un papel destacado en la lingüística alemana.

133. Como obras de conjunto sobre la historia de esta teoría, cf. los trabajos de Seiffert (1968b) y de Hoberg (1970), así como la compilación de artículos sobre la investigación de los campos de Schmidt (1973). Una adecuada discusión de la teoría del campo léxico puede verse en Geckeler (1971: 84-176). Para un balance crítico de la aportación de estos teóricos alemanes, consúltese Drettas (1981: 3-22).

134. Además de su importante monografía (1931) sobre el vocabulario del entendimiento en alemán antiguo, que incluye un primer capítulo «Über Wort– und Begriffsfelder» (pp. 1-26) a modo de introducción teórica, véanse igualmente sus trabajos posteriores (1932: 417-427, 1934: 428-449, recogido también en el libro de Antal 1972: 77-103, y 1968). Una recopilación de los estudios sobre la teoría del campo de Trier ha sido editada por van der Lee y Reichmann (1973).

135. Aparte de otros antecedentes que se remontan al siglo XIX, entre otros, Heyse, destacado por Coseriu (1967b: 489-498) como el precursor más antiguo de la teoría del campo, si bien este autor no habla de esta idea en su análisis de contenido del alemán *Schall*, ciertamente, con anterioridad a Trier, ya se habían realizado algunas formulaciones explícitas sobre esta concepción de campo (cf. Drettas 1981: 9-10 y Geckeler 1971: 86-100). Así, Ipsen (1924: 225) había caracterizado en qué consistía un «campo semántico» (*Bedeutungsfeld*) utilizando para ello la imagen del mosaico, influencia que confiesa el propio Trier (1931: 11, n. 1): «Ob ich die Theorie der Feldbetrachtung allein mit SAUSSURES Hilfe entwickelt habe oder ob die kurzen 12 Zeilen bei IPSEN miteinwirkt haben, kann ich nicht mehr sagen». No obstante, quisiera recalcar que el concepto de «sistema semántico» (*Bedeutungssysteme*) había sido definido como «die Zusammenordnung einer begrenzten Anzahl von Ausdrücken unter einem individuellen Gesichtspunkt» y clasificado en tres tipos: *natürliche*, *künstliche* (por ejemplo, los grados militares) y *halbkünstliche* (como las terminologías profesionales) por Meyer 1910: 359) en un artículo realmente novedoso, tal como puede comprobarse en lo expresado por este autor como exigencia práctica de la semasiología, que deberá determinar la pertenencia de las palabras a sus respectivos sistemas semánticos: «Die Semasiologie hat für jedes Wort erstens festzustellen, welchem Bedeutungssystemen (oder: welchen Bedeutungssystemen) es angehört: zweitens, welches der systembildende, differenzierende Faktor dieses Systems ist». Por tanto, frente a la estructuración progresiva por yuxtaposición de campos sostenida por los lingüistas alemanes posteriores, este autor se adelanta a una

todo lo real como las piezas de un rompecabezas, que el léxico de una lengua estaba configurado por campos yuxtapuestos que se limitan mutuamente y en los que las diferentes palabras que los componen forman una especie de mosaico lingüístico que recubre íntegramente, sin «huecos» o «lagunas», las respectivas zonas continuas de significación[136]. Las críticas a este tipo de investigación no se

---

consideración sistemática del vocabulario en la línea de lo expresado mucho más tarde por la semántica estructural, pues insiste, como ha destacado Rodríguez Adrados (1967: 196), «en que una palabra puede pertenecer simultáneamente a varios de estos *"Bedeutungssysteme"* según los factores de diferenciación (…), en que dentro de un mismo sistema no hay principio unitario de diferenciación (…), y en que se producen casos de *Reihenverschiebung* de las significaciones, a la manera como ocurre en Fonología en el caso de las llamadas 'casillas vacías'». En la misma línea, Vassilyev (1974: 79-80, esp. 80) ha señalado las ideas avanzadas de este autor, sobre todo en lo que concierne a la intersección de los sistemas semánticos: «Since in one word there may often be several 'differenciating factors' (components of meaning), and since as a result such words belong to different systems (semantic classes) at the same time, these systems may intersect one another». Su sorprendente modernidad ha sido puesta de manifiesto también por Geckeler (1971: 87, n. 12), que señala que en él se encuentran formulaciones que pudieran proceder de la Escuela de Praga, y, anteriormente, sobre todo por Kronasser (1952: 134-136), quien llega a afirmar que Meyer había anticipado ya lo fundamental a los investigadores posteriores de la teoría del campo.

136. Sobre esta concepción del «mosaico lingüístico», presente, al menos, en las teorías de Ipsen, Jolles y Trier, y la inexistencia de «huecos» y «superposiciones» en el interior de los respectivos sectores conceptuales, véanse las críticas, entre otros, de Wartburg (1951: 276); Ducháček (1960: 28-30 y 1962: 53); Ducháček y Spitzová (1965: 70-71); Mounin (1965a: 42-43 y 1965b: 20); Rodríguez Adrados (1967: 196-197, que objeta sobre todo la «asunción de que un "campo semántico" es un todo continuo que se reparte íntegramente entre unas cuantas palabras: con ello se vuelve, en realidad, a una definición interna y absoluta, cerrada, de cada palabra, en vez de a una relativa y "abierta"» [p. 197]); Geckeler (1971: 115-167); Schogt (1972: 14); Meya (1976: 146), y Vassilyev (1974: 80-84, autor que destaca como principal crítica a los neohumboldtianos el absoluto paralelismo que estos proponen entre sistema semántico y dominio conceptual, entre significados y conceptos: «The acceptance of an absolute parallelism between the semantic system of language, whose structure is expressed by the internal segmentation of word fields, and the system of concepts (between meanings and concepts, respectively) gave rise to the principal mistake not only of Trier, but of all the neo-Humboldtians» (p. 82)). Pero en este punto nos interesa especialmente resaltar el cambio de posición llevado a cabo por Trujillo que, si bien en la publicación de su tesis sobre el campo semántico de la valoración intelectual (1970: 75-84) criticaba, coincidiendo con Mounin, los planteamientos de Trier y sostenía que «los pequeños "sistemas léxicos" que forman la totalidad del vocabulario se interpretan mutuamente constituyendo conjuntos jerarquizados» (p. 78), apoyando (lo contrario resultaría inadmisible) «el hecho, por nosotros comprobado frecuentemente de las múltiples intersecciones conceptuales, y de la pertenencia de unidades a diversos conjuntos diferentes» (p. 83), en trabajos posteriores (en la línea de lo que apuntaremos más adelante como hecho coincidente entre la escuela neohumboldtiana y lo postulado por determinados autores funcionalistas actuales), debido a un cambio de concepción sobre la disciplina semántica y, fundamentalmente. a una nueva consideración del signo como unidad estructural (sobre todo en lo que respecta a su teoría de la extensión del significante) y de las relaciones semánticas (en especial, de la polisemia, a la que no considera una genuina relación significativa y, por consiguiente, niega su existencia como perteneciente al sistema de la lengua), preconiza justamente lo contrario, es decir, la no existencia de cruces de campos y la falsa creencia de que «un mismo

hicieron esperar. Entre ellas, cabe destacar las manifestadas por Martínez Hernández (1990: 1014) a partir de los puntos negativos reseñados por Vassilyev (1974: 82-84) y Helbig (1971: 119-161):

— Concepción idealista de las relaciones entre lengua, pensamiento y realidad, que a veces roza el misticismo.

— El carácter meramente intuitivo y especulativo, no lingüístico, de los campos léxicos estudiados por esta escuela.

— El empleo desafortunado de conceptos metafóricos como el de mosaico, red, etc. en la caracterización de estos campos.

— La poca atención a la polisemia y a las relaciones concretas entre las palabras, en favor de una mayor preocupación por la sinonimia y la antonimia.

— Cierto desprecio por los estados de lenguas vivas, al basar sus investigaciones casi exclusivamente en estados de lengua más antiguos.

— Estudio casi exclusivo de una sola clase de palabras, casi siempre los sustantivos, en la composición de los campos, dejando fuera de consideración los verbos y las combinaciones sintagmáticas.

4.2.1. Tales objeciones, que en líneas generales estimamos ciertamente adecuadas, se centran, sobre todo, en dos aspectos teóricos: el hecho de que los elementos léxicos se recubran totalmente sin superposición (hay yuxtaposición de campos) y el problema de las lagunas léxicas, pues de aquí se derivan otros de los reparos señalados, como el tratamiento, plenamente justificado, sin embargo, desde la concepción «preestructural» de esta escuela y desde los presupuestos mencionados que estos autores sostienen, de las relaciones semánticas. En este sentido, es lógico, por una parte, que no establezcan, por lo general, relaciones concretas de significación entre las palabras, ya que no estructuran realmente mediante oposiciones funcionales los significados léxicos[137], y, por otra, que presten mayor atención a las relaciones que parten del significado (sinonimia y antonimia), dado que su punto de vista es onomasiológico, en detrimento de las que parten del significante (polisemia), que apenas atienden por su creencia en campos yuxtapuestos.

---

elemento semántico pueda pertenecer simultáneamente a estructuras léxicas diferentes» (1976: 209), hecho este que ha sido criticado por Salvador (1985a: 44-45). Aunque la objeción de su maestro se extiende a la visión que Trujillo posee de las terminologías, problema en el que no vamos a entrar aquí, sí queremos aclarar que la última postura del profesor de La Laguna no supone una negación rotunda de la existencia de unidades léxicas polipardigmáticas sin mayores explicaciones, como pone de relieve Salvador, sino que este cambio de punto de vista se inserta, tal como hemos explicado, en toda una modificación de sus planteamientos teóricos y de su concepción de la semántica.

137. Es esta también una de las críticas manifestadas por Rodríguez Adrados (1967: 197): «De otra parte, falta en TRIER y en su escuela una clara estructuración, con valor general, de las relaciones entre palabras, es decir, de los diversos tipos de relación, hechos de neutralización, etc.».

4.2.2. Concretamente estos postulados fueron criticados por la semántica estructural, que opina, por el contrario, que los campos se encuentran superpuestos, renunciando a la noción y a la imagen del «mosaico» léxico o «red» que cubriría la realidad extralingüística y en el que «los lexemas estarían situados unos al lado de otros con límites muy precisos a la manera de las teselas»[138]. Así, el léxico estructurado de una lengua no constituye una realidad plana, sino que un significante cualquiera no tiene por qué ser exclusivo de un solo campo léxico, ya que puede ampliar sus lazos o conexiones semánticas con otros campos y ocupar, consecuentemente, distintas posiciones en cada uno de ellos, esto es, puede pertenecer simultáneamente a más de un campo a través de sus diversos significados[139]. Estas interferencias múltiples constituirían, por tanto, la base del funcionamiento semántico del léxico. No obstante, hemos de resaltar que la idea de la yuxtaposición de campos coincide, si bien desde una óptica claramente divergente, con resultados más actuales de cierto tipo de semántica estructural-funcional, que parte del significado y no del significante para abordar el estudio semántico de la lengua, dado que esta problemática depende del carácter simétrico o asimétrico del signo que defendamos y lo que subyace en el fondo es el concepto de polisemia que se maneje (cf. Casas Gómez / Muñoz Núñez 1992: 134-158 y Muñoz Núñez 1996a).

5. Como continuación del panorama historiográfico «De la Semasiología a la Semántica» (1999b), que presentamos en el *I Congreso Internacional de la Sociedad Española de Historiografía Lingüística* (1997), en este estudio hemos intentado, primeramente, clarificar los términos de *semántica histórica*, «*tradicional*» y *preestructural* con la adscripción de los respectivos contenidos que tales perspectivas de la semántica desarrollaron, sobre todo, en la primera mitad del siglo XX, para centrarnos, posteriormente, en la descripción de las investigaciones propias de la que denominamos *semántica preestructural*, que comprende básicamente la *semántica asociativa* y la *semántica neo-humboldtiana*.

---

138. Martínez Hernández (1990: 1016). En un trabajo anterior (1983: 7), había propuesto como principio básico de la investigación del contenido lingüístico la necesidad de sustituir «de una vez para siempre la imagen del campo como un mosaico, en el que las palabras estarían situadas estáticamente (…), que, si bien Trier la citó en la introducción de su obra de 1931, posiblemente bajo la influencia de Ipsen, no volvió a mencionarla luego en sus escritos posteriores. Si hubiera que emplear alguna imagen puede acudirse a la de los núcleos estrellados [cf. Hoberg 1970: 110], en los que los puntos de unos pueden engarzar con los de otros, con lo que se representarían las fuertes interferencias existentes entre los distintos campos».

139. Como explica y esquematiza gráficamente Eco (1972: 121), «un significante *s* no solamente denota una posición α1 en un determinado campo semántico Cα, sino que puede connotar la posición β1 en el campo semántico Cβ, la posición γ1 en Cγ, etc. Esto quiere decir que *s* profundiza una serie de ramificaciones en posiciones de campos semánticos diversos».

5.1. En cuanto a la semántica asociativa, que parte de las concepciones generales del propio Saussure, esta obedece a un análisis relacional o configurativo de meras asociaciones formales o de sentido de un signo con otros signos establecidas por similitud o por contigüidad, mientras que las estructuras paradigmáticas sustentadas por los campos léxicos presentan unas oposiciones de rasgos comunes y diferenciales entre sus elementos[140]. Ni siquiera la teoría del campo morfosemántico constituye, como hemos explicado, un sistema estructural, sino sencillamente una de las diversas tentativas, aunque eso sí, la más lingüística, de modalidades asociativas. Queremos dejar bien sentado este punto, ya que, por ejemplo, algunos autores, como Martínez Hernández (1990: 1011), en su cuadro de los diferentes tipos de semántica[141], incluyen la semántica asociativa en el marco de la semántica estructural, lo que, de entrada, no puede aceptarse, porque estos lingüistas no pretendieron ninguna estructuración léxica, y otros hablan de estructura, estructuración, análisis estructural o funcionamiento estructural del léxico o de ciertos fenómenos lingüísticos, como el eufemismo[142], que serían a lo sumo sistematizables pero no estructurales[143] a partir de la aplicación de algunos de estos modelos, especialmente el propugnado por Guiraud.

---

140. Coincidimos en este punto con Coseriu (1968: 7), que establece en este sentido una neta distinción entre las *configuraciones asociativas* y las *estructuras lexemáticas*, ya que aquéllas no conciernen a la «structuration du signifié au moyen de traits distincticfs (les oppositions sémantiques), mais les associations d'un signe avec d'autres signes, associations établies par similarité ou par contigüité, aussi bien des signifiants que des signifiés».

141. Se trata de una adaptación ampliada del diagrama, presentado de manera muy esquematizada, por Welte (1985: 566) de los múltiples usos del término *semántica* y en la que el filólogo clásico español (1990: 1011, 2000: 1118 y 2003: 270-271 y 277) incluye, desacertadamente en mi opinión, la semántica asociativa en el marco de la semántica estructural e integra, como pertenecientes a la «semántica estructural asociativa», la escuela francesa y la escuela de Brno. Con referencia expresa a nuestra formulación, afirma este autor que «quizás pudiera extrañar a alguno, caso reciente de M. Casas Gómez 1998, pág. 174, que coloquemos la semántica asociativa como una modalidad de la estructural, que para él sería más bien preestructural. Habría que decir a este respecto que lo que se entiende por "semántica estructural" varía de un autor a otro, por lo que hay muchos tipos de esta clase de semántica (…) y una de ellas es la que denominamos asociativa» (Martínez Hernández 2003: 271). Para un reciente análisis de los usos terminográficos y redes conceptuales de la terminología de la semántica, cf. Casas Gómez (2020b: 2-26, 2021a: 187-204 y 2023a: 51-75).

142. Así, por ejemplo, autores como Widłak (1968: 1031-1052, esp. 1037, 1970: 158-169. esp. 160 y 1972: esp. 4-5) y Montero Cartelle (1979: 55-60, esp. 56 y 59 y 1981: 37-44, esp. 39 y 42), apoyándose en el modelo del campo morfosemántico de Guiraud, hablan de estructura, estructuración o funcionamiento estructural de un fenómeno, especialmente relevante en el nivel del acto discursivo, como es el eufemismo. De la misma manera, Brademann (1982: 52-66, esp. 55-56) pretende realizar un análisis estructural de los cambios de categorías de significado de los signos eufemísticos o disfemísticos con el establecimiento de sus distintos tipos de relaciones de contenido.

143. Frente a la opinión sustentada por los autores citados en la nota anterior, nuestra posición parte del principio de que el eufemismo es, por lo general, sistematizable pero no estructurable. Y lo

5.2. Respecto a la «investigación del contenido lingüístico», hemos de indicar las repercusiones que esta teoría alemana ha tenido en la conformación de la lexemática de Coseriu[144], deuda reconocida en múltiples ocasiones por el lingüista rumano, fundamentalmente en lo que atañe a su concepto de las «solidaridades léxicas», que supone una profundización de las «relaciones semánticas esenciales», «campos semánticos elementales» o «campos sintácticos» de Porzig (1934: 70-97 y 1957: 117-135), y su tipología de los campos léxicos, basada en la clasificación establecida por Weisgerber, hasta el punto de que algún autor ha propuesto un intento de fusión de la metodología de esta escuela con la lexemática coseriana, a la que añade algunos conceptos de la semántica checa de Ducháček o escuela de Brno y la ayuda, para los problemas de traducción derivados de la investigación de un campo fuera de la lengua materna, de la semántica contrastiva de Wandruszka. Esta combinación de las aportaciones semánticas de las escuelas de Bonn y Tübingen, como una continuación de los postulados de la semántica llevada a cabo en Alemania, supone la línea desarrollada en sus análisis semánticos, desde su tesis doctoral sobre la esfera semántica del dolor en Sófocles, por Martínez Hernández[145], que ha llegado a establecer una serie de principios básicos[146] para el estudio de los campos con objeto de superar gran parte de los problemas de la semántica actual.

Por último, quisiera recalcar que las principales objeciones planteadas a esta escuela alemana, como los problemas de la yuxtaposición/superposición de estructuras o de las lagunas léxicas, dependen, por un lado, de la concepción de semántica de la que se parta y, por otro, del carácter simétrico/asimétrico del signo y, obviamente, del concepto de polisemia que se tenga, pues hemos de decir que, desde planteamientos estructuralistas más modernos coincidentes con una concepción axiológica, se ofrece una solución al problema de la polisemia u

---

expresamos de forma menos tajante que otras veces (cf. 1986a: 108-109, 1986b: 41 y 1989: 223-224, n. 11), para que se entienda que, en ningún momento, hemos negado la posibilidad estructural de determinados sustitutos que funcionan plenamente como formas «sinonímicas» o «antonímicas» en el sistema léxico (cf. Casas Gómez 1995c: 34-37). A este respecto, coincidimos con Widłak (1992: 177, n. 21), quien, sin embargo, cita nuestro punto de vista como contrario al suyo, cuando afirma que «le forme lessicalizzate o grammaticalizzate, qualificate nei dizionari come eufemismi, non sono allora "eufemismi stilistici", ma sono eufemistiche anzitutto dal punto di vista diacronico della lingua; essi diventano così elementi costitutivi della struttura concreta della lingua, quindi elementi 'strutturabili'».

144. Esta influencia ha sido puesta de manifiesto, entre otros, por autores como Wagner (1982: 25, n. 22), Martínez Hernández (1990: 1014-1015) y Casas Gómez (1998b: 169-176, esp. 175).

145. Véanse principalmente sus trabajos (1977: 33-112 y 1978: 121-169) y, de forma especial, su obra de conjunto (1981).

146. Para la explicación de los que este autor considera diez puntos esenciales a los que debe ajustarse todo estudio de campo, cf. sus trabajos (1990: 1015-1016 y 2003) y, sobre todo, su artículo sobre el problema del método en esta teoría (1983: 6-8), en el que añade las informaciones bibliográficas de los diferentes conceptos propuestos.

homonimia y, con ello, la posibilidad de construir una semántica funcional (cf. Gutiérrez Ordóñez 1981a, 1989 y 1992: 101-107). De este modo, los distintos significados de un significante en cuanto expresión fonemática, que ocupan posiciones diferentes en diversos campos, constituirían signos diferentes, con lo que en realidad se vuelve a la idea inicial de la yuxtaposición de los paradigmas semánticos[147] y de la no existencia de casillas o espacios léxicos desde el punto de vista del contenido, aunque sí desde la forma material, dado que la presencia de una laguna en cuanto al significante formal no implica la ausencia de una forma de contenido, si bien se llega a tales presupuestos con la negación de la polisemia como fenómeno del plano de la lengua y como genuina relación semántica (cf. Trujillo 1976: 236-249; Casas Gómez / Muñoz Núñez 1992: 142-152 y Muñoz Núñez 1996a), pues esta parte de la consideración del significante aislado, y la restitución de la simetría o relación consustancial del signo al menos desde la óptica del significante; en definitiva, por una vía completamente distinta a los planteamientos formulados por la escuela neohumboldtiana.

---

147. Conviene manifestar que ya Kandler (1959: 256-270), en su contribución al homenaje a Weisgerber, establece una serie de objeciones a determinadas características de la investigación del campo lingüístico, a partir de seis principios, que, en su opinión, sistematizan los rasgos esenciales del concepto de «campo». Entre ellos, únicamente quisiera referirme, por la relevancia que tiene para los fines que perseguimos en este trabajo y pese a que no sea aceptado sin más por Geckeler (1971: 124-133, esp. 124) en la línea de una defensa tradicional del problema de la polisemia, al denominado *principio de la diferenciación*, que supone el hecho de que cada palabra pertenezca a un campo y solo a uno; la eliminación de la ambigüedad de las palabras, y la consideración, en consecuencia, de los homónimos interpretados como signos diferentes pertenecientes a campos distintos: «*Das Prinzip der Wohlgeschiedenheit*. Zu den Konsequenzen des Feldbegriffes gehört es, daß jedes Wort zu einem und nur einem Felde gehöre. Die vielgescholtene Mehrdeutigkeit der Wörter soll beseitigt werden – denn sie wäre ja mit der Vorstellung von der Sprache als einem wohlgeordneten Sinngefüge nicht verträglich – indem man diese Mehrdeutigkeit für scheinbar erklärt und homonyme Wörter wir *Bank* (zum Sitzen) und *Bank* (Geldinstitut) als zwei verschiedene, zu verschiedenen Feldern gehörige Wörter ansieht» (Kandler 1959: 263).

Capítulo 8

Semántica de la lengua y semántica del hablar: fenómenos y disciplinas implicadas en su delimitación[148]

8.1. Introducción

Una cuestión epistemológica central en la concepción del hecho semántico la constituye, sin duda, la distinción entre una semántica de la lengua, de carácter puramente sistemático y de naturaleza estática, abstracta y no comunicativa, y una semántica del hablar, de carácter referencial y de naturaleza dinámica, concreta y plenamente comunicativa. Esta separación conceptual no solo supone la base diferencial entre una semántica estrictamente interna y otras disciplinas como la estilística, la pragmática, el análisis del discurso o la terminología, sino también pone de manifiesto cómo y en qué niveles operan los fenómenos semánticos.

De los numerosos aspectos lingüísticos que podríamos tratar en esta línea, entre otros, el fenómeno de la traducción y su nivel de análisis lingüístico, los diversos enfoques sobre la variación lingüística desde la semántica o las características distinguidoras que expresan la delimitación entre semántica y terminología (disciplina en la que hay que tener muy presente qué modos del significar son los que caracterizan a sus unidades), abordaremos en este capítulo solo tangencialmente las diferencias entre relación «significativa», relación semántica y relación léxica[149],

---

148. Publicado en Wotjak, Gerd y Cuartero Otal, Juan (eds.), *Entre semántica léxica, teoría del léxico y sintaxis*, Frankfurt am Main: Peter Lang, Studien zur romanischen Sprachwissenschaft und interkulturellen Kommunikation, Band 22, 2005, 13-28.

149. Para su delimitación conceptual, cf. Casas Gómez (2005). En esta línea, ya Muñoz Núñez (2001: 463, n. 9), en su reseña de nuestra monografía sobre las relaciones léxicas (1999a), esboza la conveniencia de distinguir entre «*relación semántica*, susceptible de abarcar relaciones entre signos tanto desde el punto de vista lingüístico como designativo, y tanto en cuanto relación exclusiva entre significados como entre significantes y significados (así es como se ha utilizado este término para aludir a

así como sus conexiones con otros procesos estilísticos y pragmáticos, centrándonos fundamentalmente en los diferentes niveles del significar, con especial atención a sus repercusiones en la demarcación de ciertas ramas de la lingüística y su falta de distinción en determinadas corrientes, métodos, tendencias y disciplinas lingüísticas.

8.2. Los cuatro niveles del significar: sus implicaciones en la delimitación de ciertas disciplinas lingüísticas

8.2.1. Frente a la diferenciación clásica de la doble naturaleza del contenido como significación y objeto de referencia extralingüístico, que ha recibido tradicionalmente aproximaciones teóricas en los ámbitos lógico, filosófico y lingüístico, o las más actuales tricotomías (*referencia, denotación* y *sentido* o *designación, significado* y *sentido*, cuyos planteamientos no son, en absoluto, coincidentes, ni terminológica, ni conceptualmente), en trabajos anteriores (cf. Casas Gómez 1995b: 101-112, 1999a: 59-66, 200lb: 17-28 y 2002b) hemos defendido, tras una minuciosa revisión crítica de los acercamientos teóricos tanto desde una óptica no lingüística como desde las perspectivas lingüísticas extensional e intensional, la existencia, en realidad, de cuatro tipos de «contenido» del lenguaje: dos pertenecientes a una lingüística sistemática (la *designación*, potencial o de lengua, y el *significado*) y los otros dos como propios y genuinos de una lingüística del hablar (*referencia*, designación real o denotación, y *sentido*), observándose una correlación entre ellos, pues el hecho de que la *designación* y el *significado* constituyan para una lingüística de la lengua lo que la *referencia* y el *sentido* para una lingüística comunicativa, o lo que es lo mismo, en el sistema el significado es a la designación (potencialmente ligada al signo) lo que el sentido a la referencia en el acto discursivo se explica porque los signos designan incluso fuera de todo «contexto», pero solo denotan insertos en un acto comunicativo concreto, desde el momento en que estos adquieren en un texto o discurso, no un significado que designa, sino un sentido que denota referencialmente.

8.2.2. En contraste con el significado, en cuanto contenido estrictamente semántico formalizado intralingüísticamente por las lenguas, el sentido, desde cualquiera

---

toda una serie de desarrollos en la semántica preestructural y estructural), e incluso para hacer referencia a aquellas relaciones que se establecen en otros niveles de análisis, como el oracional y el textual (como hacen otros autores, sobre todo en este último ámbito), y *relación léxica*, que compete exclusivamente a las genuinas relaciones entre significados de signos léxicos desde un punto de vista estrictamente lingüístico».

de sus interpretaciones o perspectivas de análisis[150] se ha concebido, más que como una «significación estrictamente lingüística», sobre todo, como una noción textual y pragmática, tal como, en esta línea, se han pronunciado, entre otros, lingüistas del texto como Beaugrande / Dressler (1997: 135), para quienes, «si el concepto SIGNIFICADO se emplea para designar la capacidad de una expresión lingüística (o de cualquier otro tipo de signo) para representar y para transmitir conocimientos (es decir, significados virtuales), entonces puede usarse el término SENTIDO para referirse al conocimiento que se transmite *de manera efectiva* mediante las expresiones que aparecen en el texto».

8.2.3. De esta manera, coincidimos con las caracterizaciones mencionadas en su aspecto central de que este nivel supone, por consiguiente, el contenido específico del texto, la conjunción o resultado de todos los semantismos que funcionan en un acto de comunicación, la interacción global de propiedades contextuales, de valores comunicativos de los signos y de información pragmática en un enunciado discursivo, comprendiendo, además de las significaciones convencional y referencial, la fuerza ilocutiva, el efecto perlocutivo, las presuposiciones y los sobreentendidos. Así, el *sentido*, como correlato y actualización del significado en el discurso, se convierte, por su carácter interpretativo y naturaleza comunicativa, en el objeto de estudio y análisis de la pragmática y en una dimensión conceptual propia y específica del texto en cuanto nivel semántico, como han caracterizado teóricamente los lingüistas textuales, que, mediante el estudio de los mecanismos de cohesión y coherencia, coinciden en señalar que el *sentido*, al que subyace la intención comunicativa, constituye el elemento fundamental del texto como signo lingüístico.

Y es precisamente el hecho de que este nivel de contenido caracteriza a determinadas disciplinas lingüísticas y, sobre todo, que los correlatos establecidos en el ámbito del «significar» deben servirnos como soporte o fundamento teórico en la delimitación de estas frente a otras ciencias lingüísticas –como ocurre especialmente en el caso de la semántica y de la pragmática– donde estriba lo verdaderamente resaltable de tales distinciones para los fines que perseguimos en este trabajo, ya que el significado o contenido propiamente lingüístico constituye el objeto de la semántica en el marco de una lingüística de la lengua, mientras que el sentido o valor comunicativo sería el objeto específico de la pragmática y de los modelos textuales de corte referencial en el ámbito de una lingüística del hablar.

---

150. Véanse, entre otras, las posiciones teóricas de Coseriu (1978: 136, 1980: 48-50, 1981: 284-285 y 1988: 181-185), Báez San José (1996: 24-25, n. 3) o Gutiérrez Ordóñez (1981a: 116-118, 1989: 57-58 y 1997: 83-84).

8.3. La falta de distinción de estos niveles en determinadas corrientes, métodos de análisis, tendencias y disciplinas lingüísticas

No obstante, estos diversos tipos de «contenido» no han sido suficientemente delimitados y a veces ni siquiera discernidos en determinadas corrientes, métodos de análisis, tendencias y disciplinas lingüísticas, que se caracterizan, contrariamente, por la indistinción en sus bases teóricas de los diferentes niveles del significar descritos, como son los casos

1) en general, de la gramática generativo-transformacional, particularmente en los presupuestos semasiológicos de la semántica interpretativa, cuyo modelo no establece relaciones de contenido, ni determina significados lingüísticos delimitando estos de las significaciones de habla o sentidos, sino que se limita a menudo a explicar acepciones resultantes de la referencia extralingüística a un objeto o cosa con una reducción del significado a los hechos designados discursivamente o, lo que es lo mismo, a partir de una identificación del contenido propiamente lingüístico con la acepción, motivada por la confusión entre este y la designación;

2) del punto de vista complementario al método semasiológico, como es el enfoque onomasiológico, en cuyos estudios puede percibirse fácilmente esta no distinción, pues normalmente se incluyen términos que, ya en su totalidad o solo en parte, forman terminologías –capítulo en el que, más que coincidencia entre significación y designación, lo que existe realmente es carencia de significado lingüístico, aunque no de valores conceptualizados referencialmente– o bien denominaciones discursivas de naturaleza metafórica, de carácter parafrástico o poseedoras de un amplio espectro de virtuales evocaciones, que aparecen analizadas junto a elementos relacionados semánticamente en lengua;

3) de concretas perspectivas desde una concepción mitigada o humanizada del estructuralismo, derivadas de la semántica «tradicional», que introducen la estilística dentro de la semántica con la inclusión del sentido y todo tipo de valores connotativos como pertenecientes al plano lingüístico del significado, llegando, incluso, a concebir la referencia como lingüística;

4) de la semántica asociativa y sus modelos representativos, valorada por algunos (cf. Martínez Hernández 1990: 1011) como pretendida perspectiva «estructural» de la semántica, cuando, de entrada, los lingüistas que desarrollaron estas respectivas configuraciones (campo asociativo, campo nocional, campo morfosemántico y campo semántico-etimológico) no pretendieron ninguna estructuración, por lo que, en modo alguno, podemos catalogarla estrictamente dentro del estructuralismo semántico,

sino como una tendencia de la etapa preestructural de esta ciencia que sirve de punto de enlace, junto con otros contenidos específicos, como la llamada «investigación de contenido lingüístico» o semántica neohumboldtiana, con los avances y desarrollos de la semántica en la segunda mitad del siglo pasado, en especial con la semántica estructural[151], y, de salida, lo que subyace en el fondo de sus criterios diferenciales es la confusión de una de las distinciones nucleares de la semántica propiamente interna: la diferencia entre significado y designación y sus respectivos tipos de relaciones, con excepción hecha de ciertas conexiones significativas manifestadas en el eje de la analogía o semejanza en el significado y que son las únicas que desde esta perspectiva de análisis no establecen relaciones designativas de carácter extralingüístico entre sus elementos, las cuales ocupan, en cambio, un lugar destacado en otros niveles de análisis de la semántica superiores al estrictamente léxico, como sucede, tal como veremos más adelante, en el nivel semántico textual, y

5)   de forma especial, en los fundamentos básicos de la lingüística cognitiva en su versión de la semántica prototípica, cuya identificación entre significado y referencia supone uno de sus problemas centrales, en contraste con la separación tajante que otros modelos semánticos efectúan entre contenido lingüístico y conocimiento enciclopédico.

De este modo, si bien resulta obvio que la semántica estructural y funcional no tiene en cuenta los rasgos connotativos, referenciales y enciclopédicos, relevantes para el análisis semántico de determinados fenómenos propios del hablar, no de la lengua, y que no siempre da una respuesta satisfactoria a ciertos problemas teórico-prácticos, como, por ejemplo, el establecimiento inicial de cuáles son los criterios metodológicos para la delimitación de los campos semánticos, no menos cierto es que la semántica de prototipos ofrece afirmaciones muy discutibles, como que el llamado «modelo semántico clásico» presenta serios escollos para explicar el «sentido múltiple» (obsérvese la identificación entre sentido y significado), y nos preguntamos, en esta línea, qué perspectiva metodológica de la semántica no tiene dificultades para afrontar un universal semántico como la polisemia, máxime cuando, por cierto, han sido los funcionalistas los únicos que han proporcionado, como ha demostrado Muñoz Núñez (1999a), una solución –yo diría, más que plausible– a este complejo fenómeno con la propuesta de criterios de diversa

---

151. Para todas estas cuestiones relativas a etapas y desarrollos de la semántica en la primera mitad del siglo XX, sobre todo en lo que concierne a los diferentes modelos asociativos y a los presupuestos neohumboldtianos de la semántica preestructural, véanse las consideraciones expuestas en nuestro trabajo (1998b: 159-178, reproducido como cap. 7 de este volumen).

índole lingüística (morfológicos, léxicos, sintáctico-semánticos e, incluso, sociolingüísticos) para la determinación de los significados polisémicos. Así las cosas, es evidente que los inconvenientes atribuidos a la semántica de corte estructural constituyen, en el mejor de los casos, tan solo supuestas deficiencias[152] desde fuera de su propio basamento epistemológico, desde la perspectiva de otro modelo de investigación que se refiere a otro objeto. Justamente, por eso mismo, este modelo no puede constituir, como lo pretenden algunos (cf. Kleiber 1990), una alternativa a la semántica que ellos denominan, de forma absolutamente improcedente desde una historia de la disciplina, con las etiquetas de *clásica* y *analítica*: la primera, porque en semántica existe una tradición clásica de estudios sobre el significado y una semántica «tradicional», diferenciada de aquélla en cuanto etapa fundamental de esta ciencia en la primera mitad del siglo XX, y el método estructuralista, con el que nace la semántica moderna, ni es clásico ni es tradicional; la segunda, porque una de las tendencias básicas de la semántica «tradicional», junto a la semántica operacional, dedicada a teorías contextuales acerca del significado, se conoce como semántica analítica o referencial, continuadora de uno de los contenidos clásicos de la semántica, como es el análisis en torno a los componentes del signo lingüístico, en especial sobre la esencia del significado[153]. Sin embargo, la semántica prototípica resulta particularmente interesante para el estudio de la referencia y de la clasificación como actos lingüísticos y, de hecho, podrá hacer aportes importantes no para la interpretación de las lenguas, sino para la interpretación de los discursos, presentándose esencialmente, dada su orientación hacia la designación (cf. Laca 1984: 9-10), como una «semántica de las cosas» o del «saber sobre las cosas» que constituye el funcionamiento del lenguaje en el ámbito de una lingüística del hablar.

Pero esta falta de distinción entre significaciones de lengua y de habla no es exclusiva de las diversas corrientes, orientaciones y métodos de análisis descritos hasta el momento, sino que, incluso, de ella participan las disciplinas implicadas en esta determinación entre una lingüística de la lengua y del hablar y que intentamos delimitar respecto de la semántica, tal es el caso de los estudios generales sobre pragmática y de particulares planteamientos encuadrados en la lingüística del texto por parte de algunos autores que realizan un inadecuado tratamiento práctico de ciertos aspectos de teoría semántica, concernientes a relaciones de contenido y fenómenos estilísticos que implican, de hecho, una confusión de niveles del

---

152. Todas estas consideraciones acerca de la denominada teoría semántica «clásica» para los cognitivistas, en concreto, para Kleiber, y las ventajas de esta nueva corriente metodológica han suscitado una serie de objeciones y aportaciones críticas por parte de algunos estructuralistas, concretamente Coseriu (1990: 239-282, esp. 252-267) y Gutiérrez Ordóñez (2002: 103-141).

153. Se trata de modelos analíticos que tienen metodológicamente como objetivo de estudio el paso de los 'universales' a la lengua (cf. capítulo 7).

significar en el marco de una posible y conveniente distinción, que estableceremos más tarde, entre relación «significativa», relación semántica y relación léxica.

3.1. Las diferentes nociones aquí analizadas tampoco aparecen suficientemente delimitadas en el seno de la pragmática, disciplina que, durante varias décadas, se utilizó acompañada de la adjetivación *lingüística*. En este sentido, se hablaba, frente a los presupuestos externos de carácter extralingüístico (pragmática no lingüística), de una pragmática lingüística o pragmalingüística[154], especificación esta que, a nuestro juicio, ha dejado de tener sentido actualmente, pues prácticamente casi nadie duda hoy de que el estudio pragmático sea lingüístico como teoría del uso comunicativo[155].

Tales consideraciones explican que en el actual panorama lingüístico nos encontremos con numerosos trabajos que evidencian las relaciones diversas que la lingüística guarda con otras ramas científicas, en el sentido de que un mismo aspecto o fenómeno necesita, para su mejor y más adecuado tratamiento, del aporte de varias disciplinas implicadas, siendo analizado como objeto de estudio tanto por la lingüística como por otras materias externas y, especialmente, el hecho de que nuestra ciencia haya extendido sus fronteras hacia nuevas dimensiones y temas relacionados con la comunicación –verbal y no verbal– humana[156].

En esta línea, la pragmática no es ya una corriente relativamente novedosa, sino una disciplina autónoma de la lingüística que posee distintas concepciones teóricas de acercamiento a su estudio. No obstante, sí conviene aclarar determinadas cuestiones que no aparecen reflejadas en los manuales de pragmática

---

154. Denominación que, incluso, da título a una revista de especialidad fundada en la Universidad de Cádiz a principios de los noventa del siglo pasado (editada actualmente por los grupos «Estudios de Pragmalingüística» y «Semaínein» del Plan Andaluz de Investigación) y que aún es empleada por ciertos autores, como en el estudio, objeto de la tesis doctoral de Carrasco Santana (2002), acerca de lo malsonante y el humorismo como recursos corteses en la conversación.

155. En una revisión de la pragmática en el marco de la lingüística, Carrasco Santana (2002: 59), tras considerar a aquélla como «una teoría del uso dentro del ámbito de la actuación», llega a la conclusión de que «esto de ninguna manera significa que estimemos que ello invalida a la pragmática para formar parte de la lingüística. Podría pensarse que, si la lingüística es el estudio de la competencia, los estudios dirigidos a la actuación quedaban fuera de su ámbito; pero no creemos que se pueda hablar de dos estudios paralelos, uno de la comunicación, en cuanto que actuación, y otro de la lengua, en cuanto que competencia, sino que […] la pragmática debe concebirse como una perspectiva de estudio de la lengua, en cuanto que principal medio de comunicación humana».

156. Dicha concepción de una lingüística interdisciplinar queda refrendada, primero, en la creación y, luego, en la elaboración de las propias asignaturas de los estudios de licenciatura/grado en *Lingüística*, que, como especialidad dinámica y actual, adquiere su pleno sentido y su razón de ser, separada de las respectivas filologías, no tanto por sus contenidos clásicos de carácter interno y más filológico, sino, sobre todo, por su interdisciplinariedad y la incorporación de nuevos campos ajenos a la lingüística pero estrechamente relacionados con ella.

en relación a su origen, donde casi siempre se parte de la formulación de Morris (1938/1985: 27, 67-85) de los componentes o factores del llamado proceso de se-miosis[157] (vehículo sígnico, designatum, interpretante e intérprete) y de sus dife-rentes dimensiones: semántica (relación de los signos con los objetos a los que hacen referencia), sintáctica (relación de los signos entre sí) y pragmática, que se define como la «ciencia de la relación de los signos con sus intérpretes» (Morris 1938/1985: 67). Pero hay algo más en el nacimiento de esta disciplina, que no es atendida por los pragmatistas, y que merece especial mención: el hecho de que esta adquiere su proyección en una de las tendencias de la semántica «tradicional», como es la *semántica operacional*, en la que se situaron, no solo los lógicos y filó-sofos habitualmente citados como antecedentes de esta materia (principalmente, Wittgenstein, Morris, Carnap, Austin o Searle), sino también relevantes antropólo-gos como Malinowski, con su formulación de los llamados «contextos de cultura y de situación» y sus repercusiones para las teorías contextuales sobre el significado y su influencia en la lingüística de Firth (1935: 36-72, esp. 65), que llega a considerar a la semántica, diferenciada de la semasiología (que debería usarse para el estudio histórico de los cambios de significado), desde una óptica netamente pragmática, al definirla como la ciencia del significado desde el punto de vista de la situación y la experiencia y desarrollar todo un «funcionalismo pragmático» basado en una concepción de función como significación en el uso contextual, esto es, como «sig-nificado» o función pragmática o comunicativa.

Por todo ello, hoy ha dejado de tener sentido la discusión de hace años acerca de si la pragmática era una disciplina lingüística o no, si esta se incluía dentro de la lingüística, si constituía una rama auxiliar o formaba parte de la semántica. Ahora bien, una cosa es que la semántica y la pragmática sean materias lingüísticas au-tónomas y otra el que, en la actualidad, los fenómenos y unidades semánticas se confundan con aspectos pragmáticos y, viceversa, que procesos pragmáticos se conciban como hechos semánticos; en definitiva, que se identifiquen *significa-ción* con *interpretación*, tal como sucede con la *ambigüedad*, que no constituye, en modo alguno, un problema semántico, sino que supone un hecho no constante de *sentido* de tipo semasiológico, en cuanto consecuencia pragmática de un fenó-meno polisémico u homonímico en un acto comunicativo concreto (digamos que

---

157. De este modo lo explica este autor: «El proceso en el que algo funciona como signo puede denominarse *semiosis*. Comúnmente, en una tradición que se remonta a los griegos, se ha considerado que este proceso implica tres (o cuatro) factores: lo que actúa como signo, aquello a que el signo alude, y el efecto que produce en determinado intérprete en virtud del cual la cosa en cuestión es un signo para él. Estos tres componentes de la semiosis pueden denominarse, respectivamente, el *vehículo síg-nico*, el *designatum*, y el *interpretante*; el *intérprete* podría considerarse un cuarto factor. Estos términos explicitan los factores implícitos en la afirmación común de que un signo alude a algo para alguien» (Morris 1938/1985: 27).

la polisemia u homonimia producida a distintos niveles lingüísticos puede generar pragmáticamente enunciados ambiguos), con lo cual resulta frecuente confundir la ambigüedad, como problema de interpretación, con la polisemia u homonimia, como hecho supuestamente de «significación», cuando, en sentido estricto, ni siquiera se trata de eso, sino de un fenómeno general del lenguaje, perteneciente al plano de la expresión material, al que el hablante recurre para crear intencionalmente ambigüedad en la expresión (cf. Casas Gómez 1999a: 197-199 y 2002a: 23-25). Por esta vía, se llegan a igualar las dimensiones paradigmática y sintagmática (valores opositivos y valencias manifestadas en los *contextos de lengua*), propias de una lingüística del sistema de la lengua, con la dimensión comunicativa, determinada principalmente por factores sociales y culturales y reflejada en los contextos verbales y extraverbales, como producto o resultado de la actividad del hablar que realizamos a través de una lengua. En esta línea, se requiere una delimitación teórica entre *semántica* y *pragmática*, pues, de lo contrario, o todo es pragmática (identificada o confundida con la semántica) o todo es semántica, partiendo de una distinción entre una lingüística de la lengua o del sistema, en la que se encuadraría la *semántica* y su objeto de estudio, el *significado*, y una lingüística del hablar, donde se situaría la *pragmática*, junto a otras disciplinas estrechamente relacionadas como la estilística, la lingüística del texto o el análisis del discurso, que se ocuparía del *sentido* y de los *valores comunicativos* como objeto de análisis[158].

Sin embargo, aunque los conceptos de 'significado', 'sentido' y 'referencia' deberían estar perfectamente clarificados en los estudios pragmáticos, siguiendo una definición del *sentido*, como objeto propio de la disciplina, desde el punto de vista comunicativo en el marco del enunciado, la realidad es que en pragmática nos topamos con problemas de confusión análogos a los que estamos comentando

---

158. Una adecuada delimitación de las parcelas de estudio de la semántica y de la pragmática la ha planteado Carrasco Santana (2002: 16-17, n. 2), pese a que la orientación de su trabajo es, tal como él lo califica, «radicalmente» pragmática, pero donde este autor intenta, al menos, poner las cosas en su sitio con una clara separación del objeto y unidades respectivas de ambas disciplinas: «No obstante, estimamos que la oración, en cuanto que estructura de carácter abstracto, solo está dotada de significado proposicional y que otros tipos de significado, entre los que se encuentra el expresivo, no está, como tal, codificado ni en el léxico ni en la estructura de las oraciones sino que se construye en el uso contextualizado de esas oraciones en la comunicación y que, por tanto, es en el enunciado (como producto del proceso de uso, e independientemente de si es el producto del uso de una oración, de una estructura formalmente menor o de más de una oración) en el que puede hablarse de otros tipos de significado que, ciertamente, se combinan con el proposicional. Dicho de otro modo, no hay oraciones, por ejemplo, 'características' para la expresión del dolor o de la alegría, sino productos contextualizados del uso de estructuras oracionales convencionalmente aseverativas, interrogativas o directivas que permiten la comunicación de tales sentimientos. En este sentido, hemos de decir que nosotros nos inclinamos a pensar que el estudio de este tipo de significados no proposicionales es más adecuado desde una óptica pragmática que desde la semántica».

reiteradamente en este trabajo, que se concretizan en la utilización de una terminología conceptual no muy adecuada en relación con el significado. De este modo, los autores, con frecuencia, dan cuenta de 'significados' como el «expresivo» o el «social», que no son significados sino sentidos, o hablan de «significado referencial», con lo que volvemos a las dificultades, ya indicadas por nosotros en estudios precedentes, de la clásica bifurcación de los tipos de significado en la semántica «tradicional» (cf. Casas Gómez 2004a y cap. 4 de este volumen). Por otra parte, nociones pragmáticas como 'referencia', 'fuerza' y 'efecto' solo existen en los actos de habla y jamás dotan de significado, sino de valor comunicativo al enunciado, cuya intencionalidad siempre es un hecho de sentido, no de significado.

3.2. Consciente de que las teorías lingüísticas deben ser únicamente descritas y criticadas desde dentro de la propia teoría de acuerdo con sus postulados epistemológicos y nunca desde fuera a partir de otros principios ajenos o externos a su marco de análisis, incluso en determinados aspectos de la lingüística del texto, aun partiendo necesariamente de perspectivas semánticas referenciales o extensionales, se confunde a veces, en el ámbito de su propia teoría, significado y designación, a través de una identificación de las relaciones estrictamente significativas con las asociaciones enciclopédicas basadas en el conocimiento del mundo por los participantes en la comunicación.

Es lo que ocurre, por ejemplo, cuando Bernárdez (1982: 117-125) analiza las «relaciones semánticas entre lexemas» como formas de coherencia textual. Este autor parte de planteamientos teóricos bien fundados para su descripción en el texto como nivel lingüístico, como

1) el establecimiento, como procesos de textualización, de una clara distinción entre repetición o sustitución léxica («identidad sinonímica»)[159] y otras relaciones semánticas, como la hiponimia, donde no existe una reproducción idéntica sino una mera similitud;

2) el tratamiento textual de la sinonimia como identidad referencial entre elementos, lo que implica la mención de un «mismo objeto de la

---

159. En su teoría y epistemología del texto, Bernárdez (1995: 172-177), entre otros procedimientos de cohesión que funcionan como *estrategias* textuales (pronombres y deícticos, elipsis o la utilización de conjunciones), llega a diferenciar claramente la *sustitución sinonímica*, consistente en «la utilización de expresiones semánticamente equivalentes, por lo general para mantener constante la referencia a un mismo SN» y cuya diferencia con la sustitución mediante proformas «es que en la sinonímica no interviene el factor *economía* y en cambio se espera un valor elevado de los parámetros 'conocimiento lingüístico' y 'conocimiento del mundo'», de la *repetición léxica*, proceso que «mantiene la referencia constante a un SN utilizando las mismas expresiones lingüísticas» y que tiende a producirse en «dos condiciones principales: a) valor bajo de los parámetros 'conocimiento del mundo' y 'conocimiento lingüístico', b) nivel elevado de la distorsión por el contexto» (Bernárdez 1982: 173-174).

realidad» en sucesivos lugares del texto, frente a las restantes relaciones semánticas, en las que «no se reproduce o repite un mismo objeto o referente, sino que se toman objetos diferentes, es decir, cuando no existe identidad referenciar» (Bernárdez 1982: 118);

3) la utilización de cualquier modelo dentro de la lingüística textual para abordar este tema, siempre que cumpla como condición indispensable el partir de la referencia, dado que toda relación semántica, desde este nivel lingüístico de análisis, supone «un reflejo de las relaciones realmente existentes en la realidad (o en la interpretación social de la realidad, etc.)», ya que, para que exista relación semántica en un texto se precisa obligatoriamente «una relación de 'coherencia' entre objetos, acciones, etc., de la realidad, que se comunican por medio del lenguaje» (Bernárdez 1982: 120), lo que le lleva a diferenciar nítidamente la semántica textual (de carácter denotativo o referencial) de la semántica léxica, que debe partir para su estudio de planteamientos no referenciales, y

4) la distinción de dos clases fundamentales de relación semántica entre lexemas: la establecida lingüísticamente por la existencia de algún o algunos rasgos semánticos comunes y la basada enciclopédicamente en el conocimiento del mundo de los hablantes, tipo éste último de relación que, como bien apunta este lingüista, «no se ha estudiado apenas en la semántica léxica, pero resulta absolutamente fundamental para la coherencia textual» (Bernárdez 1982: 122).

Si bien ya hemos resaltado lo acertado en líneas generales de su posición teórica, convendría matizar algunos aspectos en relación con la identidad o no referencial que entablan ciertos fenómenos y, sobre todo, con la diferenciación ofrecida de tipos de relaciones semánticas, que le sirve, en última instancia, para analizar diversos ejemplos prácticos. Así, es cierto que en los casos de hiperonimia/hiponimia no hay identidad referencial, pues se trata de elementos que mantienen una similitud semántica por inclusión y que poseen un referente más o menos cercano como componentes de una misma clase designativa o de objetos, pero puede ocurrir que en el texto funcionen como sinónimos contextuales, bien porque tengan la misma referencia y lleguen a adquirir incluso idéntico valor significativo[160], bien

---

160. Como sucede con los lexemas *periódico* y *diario* en el siguiente texto: «El aumento de los precios del papel necesariamente incidirán en los costos de los *diarios*. Muy probablemente, en los próximos días, los *periódicos* experimentarán variaciones en sus actuales precios», pese a que se trata de dos elementos léxicos que entablan paradigmáticamente una relación de hiperónimo (*periódico*) a hipónimo (*diario*), creada a partir de una elipsis originada en combinatoria léxica: un periódico diario > un diario. Para este fenómeno en conexión con las relaciones léxicas y sus diversas repercusiones lingüísticas, cf. Paredes Duarte (2002, 2004 y 2009).

porque se actualice una neutralización, fenómeno este que no tiene en cuenta Bernárdez y que, aun siendo un principio funcional, su realización es plenamente textual como hecho discursivo.

En lo que concierne a los dos tipos básicos de relación semántica que analiza, es de destacar la separación que, como veremos, solo teóricamente establece entre conexiones basadas en oposiciones de significado mediante la existencia de rasgos comunes y diferenciales, lo que constituiría una auténtica *relación léxica* en sentido estricto (concepto restrictivo de relación basado en el criterio de oposición semántica) y aquellas otras que tienen que ver con el conocimiento del mundo de carácter enciclopédico y referencial y de naturaleza asociativa, pragmática o estilística, lo que sería, más propiamente, una relación *'significativa'* en sentido laxo (concepto más amplio y general de relación desde 'contenidos' designativos).

No obstante, los problemas de su planteamiento surgen en la aplicación práctica que este autor lleva a cabo de su tipología, pues, mientras que, para ejemplificar relaciones del segundo tipo, es decir, entre lexemas que no poseen rasgos semánticos comunes, utiliza enunciados como «La casa estaba destruida. De la chimenea no quedaba nada» o «El coche circulaba a más de ciento cincuenta kilómetros por hora. El conductor apretó el frenó» con una adecuada explicación lingüística, en la que, a falta de relación semántica 'propiamente dicha', lo que importa es el conocimiento de la realidad, de los objetos reales, que posee el oyente (que, como lector, no tiene dificultad alguna en enlazar tales expresiones), no su conocimiento de los lexemas específicos, tratándose, por tanto, de una relación basada, no en el 'vocabulario', sino en la 'enciclopedia', en el 'conocimiento del mundo' (Bernárdez 1982: 122), para ejemplos de relaciones del primer tipo, esto es, de elementos relacionados paradigmáticamente (hiperónimos, hipónimos, antónimos, etc.) pero sin identidad referencial o, lo que es lo mismo, no son sinónimos en el sentido textual expuesto, cita este autor, junto a casos como «La comida estaba muy buena. Los alimentos eran de primera calidad» o «Los niños salieron. Los mayores se quedaron en la casa», el de «El colegio estaba cerrado. Los profesores estaban en huelga», que explica del siguiente modo: «En este texto se mantiene la coherencia léxica en base a la relación semántica entre colegio y profesores, sin que exista sinonimia ni, en consecuencia, posibilidad de sustitución en un contexto dado». Nos preguntamos, en este sentido, qué clase de relación estrictamente semántica se establece entre *colegio* y *profesores*, cuando se trata de una relación referencial de contigüidad en modo alguno diferente a la que entablan los elementos analizados del primer tipo, como *casa* y *chimenea* o *coche, conductor* y *freno*, pues, de la misma manera que *casa* no incluye semánticamente a *chimenea*, ni *coche* a *conductor* o *freno*, tampoco *colegio* incluye el rasgo de 'profesor', sino que tal relación es de carácter real, debida a nuestro conocimiento extralingüístico de que un colegio cuenta con profesores y, por ello, podemos secuenciar ambas expresiones textuales. En concreto, se identifican relaciones de carácter metonímico o sinecdó-quico producidas por inclusiones reales con semánticas en el terreno de las relaciones hiponímicas, con lo que subyace una evidente confusión entre la hiperonimia/hiponimia en cuanto relación semántica del nivel léxico y su tratamiento desde una perspectiva textual (cf. Fernández Smith 1999: 663-664), pues entre los signos sinecdóquicos o meronímicos no existe ningún tipo de oposición semántica, sino una pura relación asociativa de carácter referencial.

8.4. Conclusiones

No podemos obviar la dificultad que, para la descripción de una semántica lingüística, entrañan las implicaciones relativas al conocimiento extralingüístico, de los hechos de la realidad que exceden los límites semánticos, pero que, indiscutible-mente, contribuyen a la actividad de hablar, problema este que emana, como es lógico, de las relaciones tan diversas que mantienen los signos con todos los demás del sistema, que pueden irradiar en varias direcciones y complicarse, además, con significados múltiples, con lo que se tendrá una idea de la gran complejidad de las relaciones de contenido, siendo preciso distinguir en este ámbito entre *relaciones significativas*, *relaciones semánticas* y *relaciones léxicas* (cf. Casas Gómez 2005). Las primeras, que, desde una dimensión semiótica, denominamos genéricamente 'significativas', al contemplar todo tipo de valores sustanciales del contenido que competen a los diferentes niveles de análisis constitutivos de este plano (desde el morfema al texto), pueden entablarse, bien lingüísticamente, entre signos enteros, entre un signo y un significado de otro signo, exclusivamente entre significantes o simultáneamente entre significados y significantes (tal como se han caracterizado estas no solo en la tradición semántica sino en distintas perspectivas de la semántica moderna, al partir estas concepciones en sus análisis del punto de vista de los significantes aislados o de las conexiones bidireccionales entre significantes y significados), bien designativamente, debidas a asociaciones extralingüísticas (conocimiento de los objetos y opiniones acerca de ellos), que abarcan un amplio espectro de conexiones externas de carácter psicológico, experiencial, social o cultural: relaciones de contraposición (no de oposición), de similitud y contigüidad o de carácter meronímico. Las *relaciones semánticas*, en cambio, constituyen aquellas conexiones genuinamente significativas desde una visión estrictamente lingüística, que se establecen entre significados de signos, al partir necesariamente de este plano, pertenecientes a los distintos niveles semánticos, con lo que el término estricto de *relación léxica* quedaría subsumido, como concepto restringido, en el más genérico de *relación semántica* y, a su vez, en el ampliamente abarcador de *relación 'significativa'*. No obstante, dado el peso tradicional y específico de la denominación *relación léxica*, podemos seguir manteniéndola con referencia exclusiva a aquellas conexiones que operan en este nivel de análisis desde el significado como punto de partida, nunca desde el significante, y que se basan, por tanto, en el concepto de oposición entre significados léxicos, lo que no impide, naturalmente, para los casos en que exactamente los mismos hechos se produzcan en otros niveles del contenido lingüístico (inferior y superior al estrictamente léxico), la utilización de otras tantas denominaciones para designar las *relaciones morfológicas* entre significados morfemáticos, las *relaciones suboracionales* entre significados de grupos de palabras o las *relaciones oracionales* entre significados de oraciones.

Por otra parte, del establecimiento de cuatro, y no tres niveles del significar, se infiere el señalamiento, básico para nosotros, de una división inicial entre lo genuinamente significativo y lo dependiente de la realidad extralingüística: la primera, basada en la diferenciación, fundamental y previa a cualquier propuesta tipológica, entre *designatum* y *denotatum* (*designación/referencia*) y la segunda, ya propiamente en el marco extenso del *significatum* o *significación*, entre *significado/ sentido*. De esta manera, las distinciones clásicas (*significado/concepto, significado/ realidad, significación/designación, significación/significado*) se amplían a otras relaciones, no menos relevantes y más actuales, como *designación/denotación* o *referencia, significado/sentido* o *sentido/referencia*, las cuales están en la base del objeto de análisis y de la delimitación epistemológica de disciplinas lingüísticas como la semántica, la pragmática, la estilística, la lingüística del texto o el análisis del discurso, así como de las unidades 'significativas' específicas de planos semánticos diversos, como el nivel léxico y el textual. Desde esta óptica, las diferentes interpretaciones del *sentido* convergen en que se trata de un estrato caracterizador de determinadas materias integradas en una lingüística del hablar y que las distinciones aquí establecidas entre dimensiones significativas implican una de las delimitaciones básicas entre semántica y pragmática. De este modo, la pragmática, entre otras disciplinas arriba mencionadas, situadas en el marco más global y totalizador del hablar, debe erigirse en una concepción o perspectiva de la lengua abarcadora e integradora de todos aquellos aspectos comunicativos e interpretativos que vayan más allá de los valores de codificación lingüística, de los que restrictivamente debe ocuparse la semántica al centrarse esta en el campo de estudio más reducido del sistema.

En estas líneas, hemos querido llamar la atención sobre la importancia que en semántica y, en general, en la lingüística actual tiene el esclarecimiento y delimitación de todos los conceptos aquí tratados, al resultar absolutamente necesario e imprescindible, cuando nos enfrentamos a un determinado problema, saber qué estrato del significar o tipo de 'contenido' estamos describiendo, qué clase de relación establecemos y en qué nivel lingüístico nos situamos, pues los fenómenos del lenguaje pueden operar de forma distinta y tener, pues, un diferente tratamiento de acuerdo con el nivel de análisis, tal como ocurre con los universales semánticos de polisemia y sinonimia según los concibamos desde un plano léxico o textual[161], desde una forma de hacer lingüística estática o abstracta (la *de la lengua*) a otra dinámica y comunicativa (la *del hablar*), ya que, mientras en semántica léxica debe hacerse un estudio de carácter significativo y solo secundariamente referencial, para el análisis del texto se precisa partir obligatoriamente de la denotación, tomando en consideración como punto de partida los referentes.

De cuanto aquí se ha expuesto, se comprueba que no son pocos los procesos significativos que ponen de manifiesto una distinción epistemológica entre una semántica de la lengua y una semántica del hablar, perspectiva esta última en la que se inscriben disciplinas como la pragmática, la estilística, la lingüística del texto, el análisis del discurso o la terminología, relacionadas estrechamente con la semántica propiamente dicha, pero que requieren ser netamente diferenciadas de esta. En esta línea, nuestro propósito u objetivo ha sido, en buena parte, intentar poner las cosas, algo más, en su sitio en el actual panorama lingüístico, sobre todo en lo que respecta a la delimitación entre semántica y pragmática, donde parece o, al menos, tengo desde hace algún tiempo esa impresión, que todo vale, y, desde luego, una cosa es que defendamos diferentes perspectivas de estudio de la lengua o formas de hacer lingüística, complementarias e integradoras entre sí, y que la lingüística haya traspasado sus propias fronteras hacia proyecciones inter/transdisciplinares, y otra bien distinta es que en el seno de nuestra ciencia los investigadores, a veces, ni tan siquiera apuesten por una, no solo posible sino justificada, delimitación de fenómenos y disciplinas.

---

161. Para un desarrollo ejemplificativo de estos fenómenos desde ambos niveles de análisis semántico, véase el apartado 4.11 del capítulo 4 de este volumen.

Capítulo 9
Semántica de formas materiales
y semántica de formas de contenido[162]

9.1. Unidades significativas, niveles de análisis semántico y disciplinas semánticas

En el estudio del plano del contenido se establecen fronteras metodológicas, no siempre claras en cuanto a los límites de su aplicabilidad, pero bastante útiles en la práctica. En este sentido, las unidades de contenido se organizan en cada lengua según una doble visión del mundo designado. Hay una primera estructuración, según la cual la realidad designada queda referida a través de un conjunto de unidades léxicas, cada una de las cuales posee, en oposición a las demás, un contenido semántico o valor diferencial propio. Esta parcela, muy conectada al ámbito designativo, esto es, a la sustancia extralingüística a la que se refiere, ha constituido tradicionalmente el objeto de la *semántica* –en el sentido clásico del término y del nacimiento de esta disciplina en el siglo XIX, época en la que esta denominación convivía conceptualmente, con no pocas confusiones, con el término *semasiología*[163]– y restrictivamente, desde una visión semántica más moderna, el específico de la *lexicología* o el de la *semántica léxica* desde planteamientos más actuales[164].

---

162. Este trabajo se publicó en Luque Durán, Juan de Dios (ed.), *Actas del V Congreso Andaluz de Lingüística General (Granada, 17 al 19 de noviembre de 2004). Homenaje al profesor José Andrés de Molina Redondo*, vol. 2, Granada: Granada Lingvistica, 2006, 829-844.

163. Véase el panorama historiográfico que sobre el nacimiento científico de esta disciplina ofrecemos en nuestro trabajo (Casas Gómez 1999b: 195-206), en el que revisamos los intentos de diferenciación entre *semasiología* y *semántica* propuestos por diversos autores, al tratarse de conceptos terminológicamente identificados hasta la primera mitad del siglo XX.

164. Véase la distinción entre *semántica léxica* y *lexicología* y los contenidos abarcadores de la semántica léxica que analizamos en nuestras contribuciones (Casas Gómez 2006a, 2020a y Casas Gómez / Hummel 2017).

Pero existe también una estructuración del contenido lingüístico, que es más abstracta y que, sobre las bases de las unidades de la primera estructuración, les da una proyección formal, según la cual se establecen unas categorías gramaticales con sus específicas características de constitución morfológica y de relaciones sintácticas y semánticas.

En esta línea, se ha de insistir en que cada una de estas parcelas (*lexicología/semántica léxica*, *morfología* y *sintaxis*) no es independiente. Así, son obvias las conexiones entre *morfología* y *lexicología*[165], en lo concerniente, sobre todo, al capítulo de la formación de palabras y a la definición y caracterización de las categorías lingüísticas en lo que se refiere a los diversos tipos de significado léxico, categorial e instrumental[166] caracterizadores de lexemas y morfemas, hecho este que conforma una de las principales líneas de investigación de la semántica en sentido extenso y, en concreto, según ya hemos indicado, como contenido actual de la semántica léxica. Por otra parte, la delimitación, en el análisis del plano del contenido, entre *sintaxis* y *semántica* o entre *lexicología* y *sintaxis* (la denominada interfaz *léxico/sintaxis* como uno de los contenidos más relevantes y actuales de la semántica) está sometida a una controversia cada vez más generalizada.

Y es que las unidades significativas abarcan toda la dimensión del contenido lingüístico, desde el morfema al texto, con lo que el significado de las unidades correspondientes a los distintos niveles lingüísticos que comprende el plano del contenido constituirá, respectivamente, el objeto de análisis de la *semántica morfológica*, la *semántica léxica*, la *semántica suboracional*, la *semántica oracional* y la *semántica textual*.

---

165. Son evidentes –como bien ha destacado Díaz Hormigo (2003: 47 y 201-202)– las implicaciones de la morfología y la lexicología en el estudio de los procedimientos de formación y creación léxica; en la definición y caracterización de las categorías lingüísticas (donde los criterios morfológico y léxico se combinan con consideraciones de tipo sintáctico), y en el establecimiento de distinciones entre el significado léxico, categorial y gramatical. Para las conexiones específicas entre morfología, lexicología y formación de palabras, véase también Díaz Hormigo (2000: 13-21, 2010a: 165-179 y 2010b: 81-95).

166. Pese a que tales distinciones en el ámbito del significado lingüístico (*léxico, categorial, instrumental, estructural* o *sintáctico* y *óntico*) las formula Coseriu (cf., fundamentalmente, 1978: 128-129, 134-135, 136-140, 143 y 208-209) supuestamente para establecer límites entre lo lexicológico y lo gramatical, lo cierto es que, en realidad, muestran la manifiesta interrelación entre lo semántico, sobre todo de naturaleza léxica, y lo gramatical, en especial de carácter morfológico, dado que el significado léxico pertenece exclusivamente a la lexicología, el categorial –en determinadas lenguas como el español– corresponde tanto a la lexicología como a la gramática, mientras que los restantes tipos son propios de la gramática y no del léxico, aunque, salvo el significado óntico que solo se manifiesta en el plano semántico oracional, los demás (inclusive, por supuesto, el categorial) deben tenerse presentes en el establecimiento de las estructuras lexemáticas secundarias, que contienen el análisis de la *modificación*, el *desarrollo* y la *composición*; en suma, el capítulo léxico-gramatical de la formación de palabras. Para otras consideraciones en torno al problema del significado, su naturaleza y definición, su estrato como nivel del significar, su diferenciación con el concepto y su tipología tanto lingüística como extralingüística, véase nuestra monografía acerca de los niveles del significar (Casas Gómez 2002b: 48-54).

9.2. La problemática de la investigación semántica

Por tales consideraciones, que ponen en relación unidades significativas, niveles de análisis semántico y disciplinas semánticas, y otras cuestiones que constituirán específicamente el objeto de este capítulo, el estudio de la lengua se encuentra, en el terreno de la semántica, con unos problemas adicionales que no aparecen en otras facetas lingüísticas y que motivaron el que los trabajos sobre el significado estuvieran abandonados durante bastante tiempo. Así, los métodos estructurales, que con tanto éxito se habían aplicado a la fonología e incluso a la gramática, en la práctica no daban los mismos resultados en la estructura de la significación, por lo que la semántica –identificada generalmente desde esta perspectiva y hasta hace poco tiempo con la semántica léxica o lexicología– se nos presentaba como la parte de la lengua que menos se ofrecía a una consideración estructural, resistiéndose a todos los intentos de sistematización realizados hasta el momento.

Ante estas dificultades fundamentalmente prácticas, es lógico que se fuera generalizando ese escepticismo sobre el significado como objeto de estudio de la lingüística y se llegara incluso a dudar de que la semántica pudiera constituirse alguna vez como ciencia lingüística. Toda esta compleja problemática en torno a la investigación del significado y los escasos frutos obtenidos en el terreno práctico explican el hecho de que la semántica haya permanecido durante años como «la pariente pobre de la lingüística» (Greimas 1976: 9), viéndose precedida, primero, por la fonética y, luego, por la gramática; además, desde su instauración como disciplina no hizo sino adoptar conceptos y tomar prestados métodos tanto de la retórica clásica como de fuentes lógico-filosóficas y psicológicas.

En efecto, desde la semántica clásica o tradición de estudios sobre el significado ha existido la preocupación por la significación por parte de diversas disciplinas, distintas a la lingüística, con diferentes puntos de vista y en variados tipos de estudio, no solo los que atañen exclusivamente al significado. Y es que, ciertamente, una vez que los lingüistas coinciden en que la descripción del significado conforma el objeto científico de la semántica, resulta complicado tratar de responder a preguntas básicas como qué es realmente el significado, en qué consiste su naturaleza y las dificultades que plantea este objeto de estudio, en cuyo ámbito se han establecido bien definiciones procedentes de especulaciones epistemológicas y planteamientos apriorísticos, bien teorías acerca del significado como resultado de la indagación empírica, concibiendo de esta manera a este como un *a posteriori* de la investigación, como una meta del trabajo semántico y no un requisito previo para la construcción de una teoría semántica, conformada justamente por una serie de fenómenos semánticos (sinonimia, antonimia, significatividad, anomalía, ambigüedad, etc.) o principios subyacentes, de acuerdo con nuestra «intuición preteórica», que organizan los hechos empíricos dentro del dominio significativo. Es este un punto de vista interesante planteado, sin embargo, en el marco del genera-tivismo, corriente que se caracteriza, como sabemos, por su escepticismo en torno a la noción misma de significado o la reducción de este a otra cosa, generalmente identificado con el concepto (teoría conceptual), la referencia (teoría referencial), el estímulo o respuesta (teoría conductista) o el uso (clase de actos de habla a los que se asocia una oración). De este modo, Katz sostiene que la pregunta «¿qué es el sig-nificado?» se ha «malinterpretado demasiado a menudo exigiéndose una contes-tación sencilla y directa (por ejemplo: "el significado de una expresión es aquello a lo que se refiere") cuando, realmente, lo que se pide es un sistema altamente arti-culado para describir, generalizar y predecir un amplio espectro de observaciones semánticas específicas», con lo que concluye que «una respuesta del tipo "el signifi-cado es esto o aquello" solo tendría sentido como expresión condensadora de una teoría de este tipo totalmente desarrollada» (cf. Fodor 1985: 24-25).

A la existencia, en primer lugar, de una serie de dificultades que hacen referen-cia a problemas teóricos en el sentido de que las orientaciones de la semántica han sido y siguen siendo generalmente imprecisas y heterogéneas, se ha de añadir el he-cho de que su objeto, unidades constitutivas y principios metodológicos aún no es-tán claramente definidos[167]. Es normal por ello el que nos preguntemos todavía hoy si la semántica posee un objeto homogéneo y si ese objeto se presta al análisis siste-mático o, dicho de otro modo, si tenemos derecho a considerar la semántica como una disciplina científica o, concebirla, más bien, como una perspectiva, entre otras, de la lengua. En este sentido, el cúmulo de dificultades primarias que constituyen la raíz de tales problemas teóricos y metodológicos radica en la esencia misma de la na-turaleza del significado y de sus unidades de contenido representativas.

Por otro lado, el sistema de cualquier lengua no es estático, sino cambiante, evolutivo. Sin embargo, este dinamismo interno no repercute por igual en los distintos planos lingüísticos, cuestión esta ampliamente debatida tanto por los semantistas históricos como por los semantistas «tradicionales», que, en lo que atañe a este contenido central del nacimiento de esta ciencia, se muestran conti-nuadores (con la aportación de abundantes materiales y nuevas contribuciones teóricas) de la labor emprendida por aquéllos (cf. Casas Gómez 1998b: 161-163 y 2004b: apart. 1). Así, en el ámbito semántico, los cambios se deben a motiva-ciones particulares, a meros accidentes de la historia de una lengua y no pre-sentan, en modo alguno, carácter general e imperativo (en este sentido, puede

---

167. Como claro exponente de este pensamiento, se expresaba Trujillo (1972b: 103), hace ya algunos años, en los siguientes términos: «Dado el carácter heterogéneo e impreciso de las orientaciones que sigue la ciencia del contenido en el momento actual, me parece que una de nuestras tareas previas y más urgen-tes es, justamente, la de determinar su campo de aplicación y sus límites precisos con respecto a otras zonas del saber lingüístico. Ambas cuestiones me parecen de capital importancia, ya que solo podrá haber una ciencia semántica cuando se haya delimitado su objeto y estén definidos sus principios metodológicos».

proclamarse a lo sumo la existencia de determinadas tendencias, pero que en absoluto adquieren el estatus de «leyes»[168]). Se advierte, en esta línea, que los valores formales de tipo fonológico o gramatical son más generales y estables, menos frecuentes sus transposiciones y más regulares que los valores semánticos. De este modo, semantistas de diversas tendencias representativas han insistido en las complejas dificultades que ofrece el estudio de la significación y han establecido distintas diferencias que oponen los dos tipos más significativos de transformación lingüística: los cambios fonéticos y los cambios semánticos. Así, frente a las reglas fijas con que se comportan las evoluciones fonéticas y que posibilita el hecho de que, en numerosos casos, pueda predecirse el desarrollo que sufrirá tal o cual signo, son múltiples los factores condicionantes que determinan la génesis de los cambios de significado. Y es que, mientras los cambios fonéticos son poco conscientes, lentos en su transformación con etapas intermedias y, con ciertas reservas, regulares (con «leyes» que expresan la uniformidad de una transformación fónica en una época dada), los cambios semánticos son obra de una intención creadora, surgen de una vez (el significado nuevo se crea de forma inmediata sin matices intermedios, aunque la fase social es un proceso pausado y gradual) y no conocen tales regularidades, aunque muestran ciertas tendencias que con carácter más o menos general se encuentran de algún modo en diferentes épocas y en las lenguas más diversas. Por tanto, si bien las mutaciones de orden fonológico, e incluso gramatical, aparecen de forma más lenta, las innovaciones semánticas tienen carácter inmediato, al estar más conectadas con la realidad social. De hecho, esta clase de «causas», las de carácter social, constituye uno de los principales tipos de motivaciones no lingüísticas (además de las históricas y las psicológicas), y junto con las propiamente lingüísticas, que provocan los cambios de significado. Constantemente se están originando, pues, transformaciones que inciden directamente en la estructura semántica y que obligan a establecer continuos reajustes del sistema. Es lógico, por consiguiente, que haya autores[169] que prefieran reemplazar, en el terreno de la significación, el término *estructura* por el de *estructuración* o *reestructuración*, que indica, de alguna manera, un aspecto dinámico, el acto o el proceso continuo de organización estructural.

---

168. Como se pretendía, por ejemplo, en el modelo francés de semántica histórica propuesto por Bréal. De la asistematicidad de las posibles «leyes» de los cambios de significado hemos aportado suficientes testimonios teóricos y datos prácticos contrastivos (a través de un análisis de ejemplos en diversas lenguas) en nuestras notas a propósito de la denominada «ley de repartición», que revisamos en relación con el fenómeno antagónico de la desemantización (cf. Casas Gómez 1998a: 299-308, esp. 302 y 306, n. 21).

169. Así, por ejemplo, Cazacu (1957: 113-129, esp. 113 n. 1) habla de *estructuración*, dadas las continuas modificaciones que inciden en la estructura del sistema semántico, en tanto que el semantista checo Ducháček (1971: 39-48 y 1972: 13-18) analiza la *reestructuración* progresiva de algunas microestructuras léxicas a través de diversos estados de lengua.

Por otra parte, resultan evidentes las dificultades que, para la semántica lingüística, suponen las nociones enciclopédicas derivadas del conocimiento extralingüístico, que generan una gran complejidad de relaciones de «contenido», siendo preciso discernir, como distinción central en el ámbito de una semántica de la lengua, entre relaciones debidas a asociaciones extralingüísticas (conocimiento de los objetos y opiniones acerca de ellos) y relaciones que se deben exclusivamente a delimitaciones en el significado, circunstancia esta que nos lleva a diferenciar, como hemos explicado en otro lugar (cf. Casas Gómez 2005), en el marco de una tipología de relaciones en semántica, entre relaciones «significativas» (de tipo lingüístico o designativo, comprendiendo esta bifurcación una amplia gama de nociones relativas a la conexión entre los componentes lingüísticos que integran los signos o a las variadas asociaciones extralingüísticas y conexiones de naturaleza estilística, lógica o cultural que estos entablan) y relaciones semánticas, que pueden subdividirse, a su vez, en relaciones morfológicas, relaciones léxicas, relaciones suboracionales y relaciones oracionales.

Por último, sabemos que cualquier investigación en este campo es más compleja y problemática que en fonología y morfología, si se tiene en cuenta el número tan reducido de elementos del nivel fonológico e incluso del morfológico en comparación con la cantidad de unidades, no solo especialmente del plano léxico, sino también relativas a esquemas semánticos suboracionales y oracionales. En efecto, las unidades básicas de tipo fonológico o gramatical revelan un número finito, un conjunto cerrado de elementos sistematizables que contrasta con el inventario potencialmente ilimitado, por ejemplo, de formas léxicas. De ahí que se precise, como condición indispensable para su descripción lingüística, la reducción, tal como apuntara Hjelmslev (1972: 144), de estas clases abiertas a clases cerradas, lo que ha generado posturas escépticas como la de este autor, quien considera este dominio como una enumeración atomista o caótica de unidades con carácter impreciso e inestable, ya que, no solo existe una gran cantidad de elementos y continuamente se están creando otros nuevos, sino que, además, como el significado base de una unidad de contenido puede variar tantas veces como diferentes sean los contextos discursivos en que aparezca, no se puede trabajar con garantía en el nivel de lengua, recurriendo entonces al habla, al individuo, al texto, lo cual hace muy difícil una sistematización objetiva.

9.3. Semántica desde el significante y semántica desde el significado: la contraposición *forma / significado*

Pero, por encima de las consideraciones expuestas, nos topamos en semántica con un tradicional problema teórico-metodológico, en el que nos vamos a centrar especialmente en este trabajo, que proviene, por una parte, de la ambigüedad conceptual del término *forma* en lingüística y, por otra, sobre todo, de la dicotomía –típicamente hjelmsleviana– *sustancia/forma*, de la que procede una errónea contraposición, generalizada en la lingüística, entre *forma* y *significado*, como si la semántica no tuviera por objeto las *formas* y el significado no fuera *forma de contenido*, hecho este que verdaderamente ha ejercido una influencia negativa en el devenir de nuestra ciencia.

Recordemos que el significado, hasta hace poco, ha estado históricamente vinculado –y aún lo está en determinadas corrientes actuales de la lingüística– a la sustancia, no a la forma, del contenido. No olvidemos, por otra parte, que en la denominada *semántica moderna* de Pottier (1976: 99-133, esp. 100) se concebía esta disciplina como la ciencia de la *sustancia del contenido*[170] de las formas léxicas y gramaticales, definición esta de la semántica como sustancia que ha constituido, sin duda, la base de las innumerables críticas que recibieron sus formulaciones y el planteamiento inadecuado de ciertos conceptos semánticos. Pero, además, en la semántica europea se generalizó una división de esta parcela de estudio lingüístico en dos ciencias: la *lexicología* y la *semántica*, delimitación que se basaba en una dicotomía clásica de los postulados tradicionalistas: la oposición entre significaciones de los significantes y designaciones de los conceptos. En realidad, para esta distinción terminológica de las áreas del análisis semántico, así como para la descripción de sus unidades, se partía de nuevo de la definición saussureana de signo lingüístico como asociación de un significante y de un significado, de una forma y de un contenido. En esta línea, se divulgó la concepción de que toda forma léxica estaba compuesta de un lexema (unidad lexicológica) y de un semema (unidad semántica), lo que motivó, desde un punto de vista epistemológico, no solo una aberrante distinción conceptual entre lexicología y semántica en el nivel léxico, que implicaba una continua diferenciación entre criterios de índole morfológica o léxica o de naturaleza semántica y de aspectos léxicos frente a fenómenos semánticos, sino a una plena identificación entre morfología y lexicología, como observamos, por ejemplo, en la definición de *lexicología*[171] consignada en el *Lexique de la terminologie linguistique* de

---

170. En un estudio sobre teoría del léxico, Lara (2005: 1-12), no solo distingue en el nivel léxico dos disciplinas: la *lexicología* y la *semántica léxica*, sino que reserva esta última para «el estudio de la *sustancia* del contenido» (2005: 1; la cursiva es nuestra).

171. En la definición incluida en esta obra terminológica, sin duda un referente de las concepciones lingüísticas de los años cincuenta, se constata, como hemos subrayado en otro lugar (cf. Casas Gómez 2007a y el cap. 10 de este volumen), una subordinación de la lexicología a la lexicografía, al no dar entrada independiente al término *lexicologie* sino definiéndolo de manera identificativa dentro del artículo de *lexicographie* (cf. Marouzeau 1951: 136). No obstante, en esta descripción, no solo se manifiesta la hegemonía de la lexicografía, calificada como ciencia de los diccionarios mientras que

Marouzeau (1951: 136) en cuanto estudio del vocabulario registrado en los léxicos, es decir, de palabras y locuciones consideradas bien en su significación (semántica) bien en su forma (morfología), ya que, enfocada desde ese ángulo, la lexicología o morfología se encargaría del estudio de las formas léxicas como elementos portadores de valores semánticos, de cuyas funciones se ocuparía la semántica. Estos hechos explican que el representante más genuino de la semántica «tradicional», Ullmann (1976: 33-34), otorgue a la lexicología, en cuanto disciplina que se ocupa de las palabras y de los tipos de morfemas que conforman la composición de estas, la segunda división básica de la ciencia lingüística (junto a la fonología) y a su unidad, la palabra, un papel fundamental en la estructura de la lengua, pero que, sin embargo, partiendo de los presupuestos ya indicados que manifiestan esta clásica contraposición entre forma de las palabras y de sus componentes y estudio de sus significados, subdivida la *lexicología* en dos ramas, la *morfología* y la *semántica*[172]:

> La lexicología se ocupa, por definición, de las palabras y de los morfemas formadores de palabras, es decir, de las unidades significativas. Se sigue que estos elementos deben ser investigados tanto en su forma como en su significado. La lexicología tendrá por consiguiente dos subdivisiones: la *morfología*, estudio de las formas de las palabras y de sus componentes, y la *semántica*, estudio de sus significados. Esto es, pues, el lugar de la semántica, en el sentido estricto del término, dentro del sistema de las disciplinas lingüísticas. Cuando se habla de semántica sin ningún calificativo, nos referimos usualmente al estudio del significado de las palabras propiamente dichas; pero es perfectamente normal, y de hecho muy común, explorar la semántica de otros elementos, un sufijo, un prefijo, etc. (Ullmann 1976: 34).

---

la lexicología es tan solo el estudio del vocabulario, sino que se observa, como estamos comentando, la errónea contraposición –generalizada históricamente en numerosos testimonios de autores y textos lingüísticos– entre lo formal y lo semántico.

172. Con la adición del calificativo *léxica*, que, como puede observarse por la cita extraída, no aparece en el texto de Ullmann, la visión del semantista húngaro se encuentra recogida en el diccionario de Lewandowski (1982: 209, s.v. *lexicología*): «Ullmann divide la lexicología en *morfología léxica* (la palabra en su propiedad como símbolo para un *designatum* – raíz y sufijos, formas de formación de palabras, composición, derivación, contaminación, etimología popular) y *semántica léxica* (significado de las palabras, aspecto semántico de la formación de palabras)». Como acertadamente ha manifestado Díaz Hormigo (2003: 51), esta concepción de incorporar la morfología y la semántica como dos partes de la lexicología «no es nueva en el ámbito de la lingüística, pues responde a una tradición que entiende que al estudiar los componentes de las palabras había que distinguir o separar el estudio de las formas y el estudio de los significados, lo que trajo como consecuencia que para determinados autores (…) el estudio de la formación de palabras desde el punto de vista morfológico se reduzca a inventariar listas y listas no sistematizadas de formas correspondientes a prefijos y sufijos, es decir, desde este punto de vista, se estudiarían en morfología solo las formas y en semántica los significados correspondientes a estas formas».

Tales aspectos constitutivos de una consideración «formal» del lenguaje, como uno de los valores conceptuales que el término *forma* ha contraído en la lingüística, nos conducen, pues, entre sus diferentes manifestaciones implicadas, por una parte, a una inadecuada separación conceptual entre morfología, lexicología y semántica[173] y, por otra, como veremos específicamente más adelante, a la inaceptable perspectiva metodológica de partir, para el análisis semántico, del significante o expresión y no del propio significado o contenido como objeto semántico, problema este de la ciencia semántica que supone la contraposición metodológica entre una semántica de formas materiales y una semántica de formas de contenido y que pone de manifiesto los resultados antagónicos a los que se llega según se parta de una u otra perspectiva.

Sin embargo, el contenido léxico, expresado en la lengua mediante un conjunto abierto de formas lexicológicas que manifiestan determinadas funciones semánticas, encara, en consecuencia, el análisis de la lexicología y de la semántica, inseparablemente, pues se trata del funcionamiento de las formas en este nivel. Son, por tanto, dos facetas interdependientes que no se pueden separar en el nivel semántico de la palabra, aunque perfectamente distinguibles, no obstante, si tenemos en cuenta los otros niveles del contenido lingüístico. Pero en lo que se refiere a este ámbito específico de análisis, la denominación lexicología y semántica es, frente a la opinión de otros autores[174] que mantienen esta separación tradicional entre formas y acepciones de las palabras, un uso redundante, pues, desde una perspectiva de la ciencia del contenido léxico, no cabe hablar, como ha visto muy bien Trujillo (1972b: 103-109), de una semántica como algo distinto de la lexicología, no siendo, por tanto, materias teóricamente separables y de distinto orden. No son pocos los testimonios de autores que manifiestan esta inaceptable distinción entre lo formal y lo semántico y abundantes los textos donde nos encontramos con

---

173. De esta falta de delimitación conceptual en los tratados lingüísticos se hacen eco también los diccionarios de lingüística, que aportan numerosas confusiones y definiciones erróneas, en especial de las relaciones entre morfología y lexicología. Véase la revisión que en este sentido realiza Díaz Hormigo (2003: 47-51).

174. Con relativa frecuencia comprobamos este tipo de incoherencia teórica. Por ejemplificar solo con algunos testimonios, es lo que ocurre cuando Greimas / Courtés (1982: 242, s.v. *lexicografía*) afirman que, como técnica, la lexicografía exige un saber de teoría semántica que «remite a una semántica léxica (o a una *lexicología semántica*)» (la cursiva es nuestra). Por otra parte, como ya hemos apuntado en la n. 170, Lara (2005: 1) diferencia, desde el punto de vista teórico, dos disciplinas léxicas: una puramente formal, la *lexicología*, dedicada al estudio de la formación de palabras, y otra de carácter significativo y de naturaleza sustancial, la *semántica léxica*: «La lexicología, que se ocupa precisamente de la palabra y el léxico, no solamente no suele, en los últimos cincuenta años, abarcar todo el fenómeno del léxico, con sus dimensiones cognoscitivas y neurológicas, sino que se ha venido restringiendo a una pura disciplina formal, a un estudio de la formación de palabras o *Wortbildungslehre*, dejando a la llamada "semántica léxica" el estudio de la sustancia del contenido».

esta inadecuada contraposición *forma / significado*. Por citar algunos casos, le ocurre a Rodríguez Adrados (1972b: 502) en un trabajo en el que, incluso, proclama la investigación del significado como tarea de la nueva lingüística y en el que, a propósito de las serias dificultades que la semántica ofrece para una investigación lingüística objetiva, expresa que ello no es motivo justificado para abandonar su estudio. A este respecto comenta con cierta ironía:

> El principio fundamental de la lingüística moderna ha sido el formalismo, el comenzar el estudio con los elementos formales. Pero determinadas corrientes de la misma, sobre todo la escuela de Copenhague y los descriptivistas americanos, han pretendido reducir el contenido de la lingüística a un estudio meramente formal, olvidando que, por difícil que sea el estudio semántico, no es buena medicina para el enfermo al que le duele la cabeza el cortársela. La investigación de la forma debe ir por delante: esto resulta hoy evidente. Pero no menos evidente es que la investigación de la forma debe culminar en la investigación del significado.

Pese a su defensa del estudio del contenido, advertimos, en el párrafo final de la cita de este autor, el establecimiento de esta errónea contraposición entre *forma* y *significado*, crítica que fue ya señalada por Trujillo (1976: 18-19), quien, en relación con la idea de que no se sabe que será la semántica si su objeto no son formas de contenido, postula lo siguiente (las cursivas son nuestras):

> *nosotros no contraponemos forma a significado*: se trata de conceptos de orden diferente. Lo que sí afirmamos desde ahora es que sin un estudio exhaustivo de los mecanismos significantes será siempre imposible hacer una semántica de *formas*. Esto y no una contraposición entre «forma» y «significado» es lo que creemos que debe entenderse cuando Adrados afirma que «la investigación de la forma debe ir por delante (…)». Nosotros, sin embargo, para no confundirnos con las terminologías, hablaremos de forma independiente de los conceptos de significante y significado, con los que no se confunde.

Esta falsa contraposición lingüística ha sido ampliamente utilizada en el ámbito lexicográfico, donde se habla continuamente –en todo tipo de fuentes– de características formales y semánticas, se diferencia el aspecto formal del semántico (informaciones lexicográficas formales frente a informaciones semánticas), como si lo semántico no fuera formal, y se establece con relativa asiduidad una distinción entre el criterio semántico y el criterio léxico, como si lo léxico no fuera semántico. Valga como ejemplo representativo de este hecho la definición que de *lexicografía* proporciona Mounin (1979: 114; la cursiva es nuestra):

> *lexicografía*. Disciplina lingüística en sentido amplio, cuyo objeto consiste en la elaboración de los diccionarios de lengua. El trabajo del lexicógrafo comporta un censo de

las *formas* (que son las entradas del diccionario [...]) y la presentación de informaciones lingüísticas acerca de tales *formas*: informaciones *formales* (*categorías, posibilidades combinatorias*), *semánticas* (definiciones), eventualmente históricas (etimología), acompañadas por fragmentos (ejemplos) que ilustran las informaciones mediante un contexto.

Lo primero que observamos en esta definición es la aparición de algunos de los valores que el término *forma* contrae en lingüística, como son el de significante o expresión material, por un lado, y el que constituye el objeto de nuestro comentario, por otro, esto es, el establecimiento de una distinción entre aspectos lingüísticos constitutivos de una consideración formal del lenguaje y elementos que, por el contrario, forman parte de una óptica significativa y que se aprecia en la separación que este autor realiza entre categorías y posibilidades combinatorias como informaciones formales y la definición en cuanto información semántica, como si no existiera un significado categorial, una semántica de las categorías lingüísticas y, sobre todo, como si el sintagmatismo de la lengua (la combinatoria sintagmática) no perteneciera al significado lingüístico. Y es que, pese a que el significado sintagmático es tan relevante como el paradigmático en la configuración semántica de las unidades lingüísticas, hemos de dejar patente que en los comienzos de la semántica moderna o bien lo sintagmático, resultante de la interacción del léxico con la sintaxis, se consideraba un aspecto formal y no significativo –tal como se corrobora en el texto anteriormente citado– o bien lo sistemático del significado lingüístico se limitaba exclusivamente al plano paradigmático al interpretarse que los hechos sintagmáticos pertenecían al plano del habla, circunstancia esta bastante habitual hasta hace relativamente poco tiempo en los estudios semánticos. Así, este hecho puede observarse en la explicación que Cerdà (1986: 179) incluye en la definición de la entrada *lexicografía* de su diccionario, en la que concluye que «todavía continúa siendo poco menos que un objetivo intangible la confección de diccionarios paradigmáticos distribuidos por campos semánticos», y en cuya caracterización se alude a un pretendido diccionario ligado tan solo a lo paradigmático, olvidando la incorporación de las relaciones sintagmáticas que también forman parte del significado lingüístico de las unidades de una lengua. De este incorrecto reduccionismo, que proviene, como ya hemos señalado en los capítulos 3 y 4 de este volumen, de la atención exclusiva en los primeros análisis semánticos sobre el significado léxico, por parte de casi todos los semantistas estructuralistas, a la dimensión paradigmática de la lengua, concibiendo erróneamente lo sintagmático como hecho de habla. De ahí que algunos funcionalistas hayan puesto en valor las estructuras sintagmáticas de la lengua y de ello se ha hecho eco en los últimos años la relevancia de estudios encaminados a establecer la interfaz entre léxico y sintaxis, que contemplan el sintagmatismo del significado lingüístico (los rasgos combi-natorios o valencias semánticas) en la configuración del contenido de los lexe-mas, dado que tales marcas de combinatoria suponen reglas fundamentales de comportamiento lingüístico para la determinación de significados distintos, la identificación funcional de signos diferentes y un criterio de análisis básico en el estudio de las relaciones semánticas (cf. nn. 94 y 107 del cap. 6).

Otra cuestión es que los semantistas no hayan logrado describir la semántica particular de una determinada lengua y que, por tanto, no existan –hasta el mo-mento en ninguna lengua concreta– diccionarios que reflejen el sistema lingüís-tico mediante la estructuración y organización interna de los contenidos, tanto de sus valores opositivos como de sus rasgos de combinatoria, de sus correspondien-tes entradas léxicas, esto es, obras lexicográficas que contemplen la doble dimen-sión paradigmática y sintagmática que exige la configuración de un análisis del significado de sus respectivas unidades.

Por todo ello, la mencionada contraposición entre *forma* y *significado* no tiene sentido en la semántica actual, dado que hemos de partir del hecho de que el sig-nificado, objeto de la semántica, solo puede ser analizado por una ciencia que estudie *formas de contenido* (léxico y gramatical), con lo que «una ciencia del conte-nido que pretenda ser coherente consigo misma ha de adoptar necesariamente el punto de vista del contenido y servirse, al contrario que la ciencia de la expresión, de la expresión como mero contraste para establecer el carácter formal de sus uni-dades, pero sin interesarse, naturalmente, por la expresión en cuanto tal, que aquí no es más que un elemento secundario, válido solo para establecer diferencias se-mánticas» (Trujillo 1972b: 104-105).

9.4. Conclusiones

Desde un punto de vista teórico-metodológico, la semántica en cuanto disciplina científica no debe, por un lado, utilizar una perspectiva que parta de la expresión o significante, lo que nos llevaría a una errónea metodológicamente «*semántica*» *de formas materiales*, sino del contenido o significado, en cuanto objeto propio del análisis específico de una *semántica de formas de contenido*, estableciendo exclusivamente las relaciones entre significados de signos, y, por otro, tiene que apartarse de hacer un estudio del significado con presupuestos extralingüísticos, si no quiere quedarse en meras disquisiciones nocionales y filosóficas. No es el objeto de una semántica lingüística describir cómo es la realidad designada por las formas de contenido (lo cual correspondería a la lógica, a la filosofía y a cada una de las ciencias de la naturaleza y de la cultura distintas a la lingüística). Lo importante es reconocer que la realidad es múltiple y diversa y que cada lengua particular manifiesta una cosmovisión de esa realidad, no solo a través de distintas relaciones asociativas y de diversa repartición de los hechos de polisemia, sino mediante una peculiar estructuración interna de su vocabulario y de otras unidades de niveles lingüísticos superiores.

Se requiere esencialmente, por consiguiente, la necesidad de describir la semántica desde las formas de contenido y no desde las formas materiales. En esta línea, ha de considerarse la no correcta caracterización de los hechos semánticos partiendo de los significantes, punto de vista desde el que las supuestas «relaciones semánticas», de índole diversa, se han establecido entre signos enteros o entre un signo y un significado de otro signo, lo que nos lleva, en la explicación de ejemplos de relaciones lingüísticas pertenecientes a los distintos niveles del análisis semántico, a planteamientos inadecuados del problema. Decimos que semánticamente esta formulación es del todo inapropiada porque la semántica debe partir necesariamente, como criterio metodológico fundamental y en sentido antagónico a la fonología, del punto de vista del significado, no del significante, perspectiva esta última que, sin embargo, ha sido seguida por la tradición semántica e incluso continuada por tendencias actuales de la disciplina. En nuestra opinión, con independencia de la corriente metodológica por la que se opte para el estudio semántico, se aplica habitualmente de forma no acertada el punto de vista adoptado en el análisis, pues se parte del significante para llegar al significado, cuando lo correcto debería ser justamente al contrario, partir del significado y tomar el significante como correlato.

Este aspecto teórico-metodológico, para nosotros básico, consistente en que la semántica tiene como objeto propio de su estudio el significado, no el significante, conlleva repercusiones relevantes en el análisis práctico de los hechos semánticos correspondientes a los niveles morfológico, léxico, suboracional y oracional, ya que los resultados de una semántica del significante no solo son diametralmente opuestos a los que se llega con una semántica del significado, sino que son poco operativos, al no dar una respuesta satisfactoria a los problemas semánticos, a sus relaciones y, de forma especial, a los hechos de polisemia en cuanto universal semántico. Por otra parte, la distinción entre estas dos formas de proceder en semántica (desde la expresión material o desde el contenido) hace patente, por un lado, la existencia de «relaciones» o «pseudorrelaciones» semánticas desde el significante (*polisemia* y *homonimia*), frente a las auténticas y genuinas relaciones semánticas desde el significado (*sinonimia*[175], *parasinonimia*, *hiperonimia*, *hiponimia* y los diversos tipos y subtipos de *antonimia*), y, por otro, la diferenciación entre fenómenos «formales», en el sentido de que parten del significante (como el

---

175. Véase la discusión que en otro trabajo (Casas Gómez 2004a: 64-65, n. 29) realizamos acerca de si la sinonimia es una *relación semántica vs. léxica*.

sincretismo), en contraposición con otros, como la *neutralización*, que puede basarse tanto en la expresión (neutralizaciones fonológicas) como –y esto es lo realmente destacable– en el contenido (neutralizaciones semánticas). De ahí que propongamos una semántica que parta de su objeto de estudio y este no es otro que el significado lingüístico de sus unidades constitutivas y, por tanto, en el caso de las verdaderas relaciones semánticas, estas deben obligatoriamente plantearse entre significados de signos, no entre signos.

Capítulo 10
El estatus lingüístico de las disciplinas aplicadas de la semántica[176]

10.1. Introducción

En un trabajo anterior (cf. Casas Gómez 2006a), titulado «Contenidos actuales de la semántica léxica: la terminología» y presentado en la Universidad de Münster en el homenaje póstumo al profesor Horst Geckeler, pretendíamos como objetivos principales trazar, en primer lugar, los contenidos más recientes de la semántica, en cuanto disciplina que estudia el significado en los distintos niveles de análisis del contenido y que, en los últimos años, ha desarrollado investigaciones relevantes en campos muy diversos, como el de la formación de palabras, la variación en el lenguaje, la terminología, la fraseología, la lexicografía, las relaciones entre semántica y pragmática o entre léxico y sintaxis, y, en segundo lugar, describir específicamente, en estrecha conexión con tales aspectos, cómo algunos de estos nuevos contenidos se han integrado en la actual semántica léxica, plenamente diferenciada hoy de la lexicología tradicional, para centrar, por último, nuestra exposición en uno de estos contenidos de la semántica léxica, concretamente, en el análisis de la terminología y la terminografía desde la lingüística teórica y aplicada.

Como complemento de este estudio, abordaremos en esta ocasión, no solo aspectos y contenidos relacionados con terminología y terminografía, sino, fundamentalmente, con otras disciplinas aplicadas de la semántica, como la lexicografía o la metalexicografía, con objeto de intentar demostrar el diferente estatus lingüístico que la terminología, no la terminografía, posee, respecto a otras ramas, como la lexicografía, en el ámbito de las disciplinas semánticas.

---

176. Este trabajo apareció publicado, bajo la edición de Cano López, Pablo, Fernández López, Isabel, González Pereira, Miguel, Prego Vázquez, Gabriela y Souto Gómez, Montserrat, en las *Actas del VI Congreso de Lingüística General (Santiago de Compostela, 3-7 de mayo de 2004), vol. II.A: Las lenguas y su estructura*, Madrid: Arco/Libros, 2007, 935-952.

10.2. Lexicografía y metalexicografía

Hasta el desarrollo de la semántica, principalmente de corte estructuralista, a lo largo de la segunda mitad del siglo XX, se evidencia una clara primacía de la lexicografía en los estudios semánticos, hecho este que encuentra su plena justificación por razones históricas, dado que la aparición de obras lexicográficas en sus diversas realizaciones y modalidades se inició muchísimo antes de la conformación como ciencias de la semántica o de la lexicología, disciplinas relativamente recientes en el panorama lingüístico. Esta subordinación de la lexicología a la lexicografía se constata, por ejemplo, en un referente de las concepciones lingüísticas de los años cincuenta, como es el *Lexique de la terminologie linguistique* de Marouzeau (1951: 136), al no dar entrada independiente al término *lexicologie* sino definiéndolo de manera identificativa dentro del artículo de *lexicographie*[177], y en cuya descripción se manifiesta la hegemonía de la lexicografía, calificada como ciencia de los diccionarios mientras que la lexicología es tan solo el estudio del vocabulario.

Este hecho contrasta con la situación consignada en otros repertorios terminológicos, como el de Abraham (1981), quien ni siquiera da entrada en su diccionario al término *lexicografía*, sino que lo define conjuntamente con *lexicología* bajo esta última entrada[178], lo que viene a confirmar, por un lado, que la concibe

---

177. «*Lexicographie* ou *Lexicologie* [*Lexikographie* ‖ *Lexicography* ‖ *Lessicografia, Lexicologìa*]. Étude du vocabulaire enregistré dans les lexiques, c'est-à-dire des mots et locutions (gr. *lexeis*), considérés soit dans leur signification (sémantique) soit dans leur forme (morphologie). On réserve quelquefois le nom de *lexicologie* pour l'étude du vocabulaire et celui de *lexicographie* pour la science des dictionnaires» (Marouzeau 1951: 136). Obsérvese en esta definición la errónea contraposición –generalizada históricamente en numerosos testimonios de autores y textos lingüísticos– entre lo formal y lo semántico (cf. Trujillo 1976: 18-19), como si la semántica no tuviera por objeto las formas y el significado no fuera forma de contenido, cuando este únicamente puede ser analizado por una ciencia que estudie formas de contenido. Tales aspectos constitutivos de una consideración «formal» del lenguaje, como uno de los valores conceptuales que el término *forma* ha contraído en la lingüística, nos conducen aquí no solo a una aberrante distinción conceptual entre lexicología y semántica en el nivel léxico, que implica una continua diferenciación entre criterios de índole morfológica o léxica o de naturaleza semántica, sino a una plena identificación entre morfología y lexicología (forma) frente a semántica (significación) como una de las muchas manifestaciones, por una parte, de la también inadecuada separación conceptual entre lexicología y semántica en el nivel léxico, donde, desde una ciencia del contenido léxico, no cabe hablar, como ha visto muy bien Trujillo (1972b: 103-109), de una semántica como algo distinto de la lexicología, y, por otra, de la inaceptable perspectiva metodológica de partir, para el análisis semántico, del significante o expresión y no del propio significado o contenido como objeto semántico. Para este problema de la ciencia semántica, que supone la contraposición metodológica entre una semántica de formas materiales y una semántica de formas de contenido, cf. Casas Gómez (2006b y cap. 9 de este volumen), trabajo en el que se pone de manifiesto los resultados antagónicos a los que se llega según se parta de una u otra perspectiva.

178. Tras concebir la *lexicología* como «tratado de los vocablos representables aisladamente (p. ej. en un "léxico")», este autor añade que «la lexicología y la lexicografía se ocupan de los problemas

como parte de la lexicología en la línea de otros autores, sobre todo estructura-listas, como es el caso de Dubois *et al.* (1979: 400), que afirma que la *lexicología estructural* comprende el estudio de los campos semánticos y de los diccionarios estructurales, de forma que introduce la lexicografía, en cuanto praxis, en el marco teórico-descriptivo de la lexicología, e implica, por otro, una caracterización parcial de lexicología desde una perspectiva lexicográfica, reduccionismo temático compartido igualmente por la definición del lexicógrafo francés y por otras caracterizaciones análogas formuladas por otros lingüistas.

Lejos de entrar ni tan siquiera en un breve repaso a las concepciones que las distintas fuentes especializadas ofrecen de las diversas disciplinas semánticas, es fácilmente comprobable la falta de acuerdo sobre los términos y conceptos que han de utilizarse para designar a las diferentes ciencias del plano del contenido de la lengua. Pero, sin lugar a dudas, la que más desconcierto provoca en su caracterización es *lexicografía*, definida habitualmente de manera vaga e indeterminada, sobre todo a partir de los años setenta con los avances efectuados en el terreno de la semántica, donde prácticamente ningún autor la describe ya como ciencia o estudio científico, sino más bien como *rama*[179] (acompañada a veces con la adjetivación *aplicada*), *disciplina*[180], *doctrina*[181], *dominio de investigación*[182], *campo*[183] y, en especial, como *arte*[184] o *técnica*[185], como *práctica*[186]o, en ocasiones, como *técnica y práctica*[187].

---

teóricos y prácticos del trabajo con diccionarios. Como resultado proporcionan exposiciones del material de designaciones y de significados ligados a las palabras de una lengua o con todas sus peculiaridades o bajo la consideración especial de uno de sus componentes» (Abraham 1981: 280, s.v. *lexicología*).

179. «Rama de la lexicología que se ocupa de la confección de diccionarios, de su adecuación a cometidos generales o específicos y del acopio de los recursos teóricos necesarios para alcanzar tales fines» (Cerdà 1986: 178-179, s.v. *lexicografía*).

180. «Disciplina lingüística en sentido amplio, cuyo objeto consiste en la elaboración de los diccionarios de lengua» (Mounin 1979: 114).

181. «La doctrina de la realización de diccionarios, el trabajo de diccionarios como aplicación de los conocimientos lexicológicos y la satisfacción de las exigencias o necesidades teóricas y prácticas; la representación del vocabulario de una lengua (natural), un dialecto, una especialidad» (Lewandowski 1982: 208).

182. «La lexicografía es un dominio de investigación con una orientación fuertemente pragmática en cuanto que (al aplicar principios y métodos lexicológicos) siempre ha de tener presentes las necesidades y las expectativas del círculo potencial de destinatarios (los usuarios del diccionario) (…)» (Welte 1985: 349).

183. «La *lexicografía* es un campo de la lingüística aplicada cuyo objeto es la elaboración de diccionarios» (Greimas / Courtés 1982: 242).

184. «La *lexicografía* se ha venido definiendo como el arte o la técnica de componer léxicos o diccionarios [cf., por ejemplo, la definición de Lázaro Carreter 1974: 262], siendo su contrapartida, en el plano teórico, la *lexicología*, disciplina encargada del estudio científico del léxico y, en consecuencia, de los principios que rigen la elaboración de todo tipo de obras lexicográficas» (Alcaraz Varó / Martínez Linares 1997: 328).

Tales imprecisiones terminológico-conceptuales suelen ir acompañadas de una identificación inadecuada lingüísticamente de los términos *diccionario*, *léxico* y *vocabulario* incluso en el metalenguaje lexicográfico, cuando estos no solo suponen distintos resultados prácticos de dos tipos básicos de lexicografía: la *general* o lexicografía desde una lingüística de la lengua, más bien de la norma (*diccionario*), y la *específica* o lexicografía desde una lingüística del hablar y de la variación (*léxico* y *vocabulario*) y en cuya base de esta clasificación se encuentran los conceptos de lengua, norma, dialecto, sociolecto e idiolecto, sino que responden a diferentes técnicas metalexicográficas en su elaboración: la correspondiente, por una parte, a la metalexicografía de la norma léxica, académica o lingüística, de una comunidad, que establece los criterios metodológicos para el tratamiento del léxico común y los numerosos tipos de información lexicográfica (sobre los que existen, generalmente para cada uno, obras lexicográficas particulares) con los que debe contar necesariamente cada entrada léxica o artículo de un diccionario general, de lengua, normativo, descriptivo o de uso, y, por otra, la que atañe a la metalexicografía de la variación léxica en sus diversas y complejas modalidades: diatópica (geográfica o social), diastrática, diastrático-diafásica, diafásico-diastrática o diafásica[188], cuyos criterios metodológicos deben ir enfocados para un más adecuado tratamiento lexicográfico del léxico específico y poder subsanar, de esta forma, las múltiples deficiencias de la praxis lexicográfica de los léxicos dialectales, sociodialectales, diastráticos, argóticos, jergales, técnicos, especiales o de los vocabularios de autores.

Todas estas cuestiones han contribuido históricamente a que el término *lexicografía* se haya prestado a equívocos y a ciertas ambigüedades. Ya Dubois *et al.* (1979: 392) advertía que tanto *lexicografía* como *lexicógrafo* eran términos ambiguos, pues en el primero pueden distinguirse los aspectos teóricos, supuestamente propios de esta «ciencia», de la práctica lexicográfica y el segundo,

---

185. «La *lexicografia* es la técnica de la confección de los diccionarios y el análisis lingüístico de esta técnica» (Dubois *et al.* 1979: 392). Ya en uno de sus manuales de semántica, Ullmann (1976: 34-35) advierte que «la lexicología no debe confundirse con la lexicografía, la redacción o compilación de diccionarios, que es una técnica especial, más que una rama de la lingüística».

186. En el sentido de que atiende a un cometido estrictamente práctico, dado que la lexicografía se ocupa de la praxis del trabajo con diccionarios, frente a la lexicología, que se dedica al estudio de los problemas teóricos. Véase en la n. 179 la definición que aportamos de Abraham (1981: 280) en esta misma línea.

187. «*Lexicografía*. La técnica y la práctica de la codificación y de la transmisión del patrimonio léxico de una lengua o de un subconjunto de la lengua (un tecnolecto, la lengua de un autor, etc.)» (Cardona 1991: 170).

188. Para una propuesta de clasificación tipológica de los diferentes hechos de variación, véase nuestra contribución (Casas Gómez 2003a: 559-574) en el homenaje académico al profesor López Morales.

correlativamente, designa a la vez bien al lingüista que estudia esta materia (lingüista lexicógrafo) bien al redactor o autor de un diccionario.

En efecto, la distinción, al menos, entre los planos teórico y práctico supone una constante en el concepto, sobre todo más reciente, de lexicografía. Así, este término actualmente se aplica con referencia tanto a la técnica de componer diccionarios, léxicos, vocabularios y demás repertorios lexicográficos como a la disciplina lingüística que proporciona las bases teóricas y metodológicas de la praxis lexicográfica. El desarrollo en los últimos años de esta vertiente teórica con numerosos trabajos específicos ha propiciado la creación de nuevos términos en el metalenguaje lexicográfico, como *teoría lexicográfica* o *lexicografía teórica* y, especialmente, *metalexicografía*, en un intento, por parte de los lexicógrafos, de diferenciar la pura práctica lexicográfica, para la que se sigue postulando la denominación tradicional de *lexicografía*, de ese componente teórico de más reciente aparición, para el que se ha acuñado la designación, sobre todo, de *metalexicografía* en cuanto teoría lexicográfica.

No obstante, hemos de precisar que no podemos definir de ese modo a la metalexicografía, sencillamente porque, desde nuestro punto de vista, no existe tal teoría lexicográfica. No hay ningún supuesto «aspecto teórico» de la lexicografía que no competa científicamente a los diferentes niveles semánticos y a sus respectivas disciplinas del plano del contenido. En este sentido, llama la atención, por ejemplificar solo con un caso de gran relevancia, que se sitúe a la polisemia como problema central metalexicográfico o de lexicografía teórica, cuando es este un universal semántico del lenguaje que supone uno de los principios teóricos y epistemológicos en la descripción semántica de las lenguas y que, como consecuencia, tiene repercusiones lexicográficas al presentarse como escollo práctico al lexicógrafo a la hora de decidir entre entradas homonímicas y polisémicas (siguiendo un criterio diacrónico o etimológico) y delimitar la disposición de las diferentes acepciones consignadas en una entrada polisémica.

Precisamente el primer problema con el que nos enfrentamos, en el marco de nuestro proyecto sobre las relaciones léxicas y la descripción de los distintos tipos de relaciones en semántica, fue con el fenómeno polisémico. En esta línea, destacan los logros y resultados obtenidos por Muñoz Núñez (1996a, 1996b y 1999a), quien, tras un intento de resolver teóricamente la polisemia en el nivel léxico, lleva a cabo, a partir de la aplicación práctica de una serie de criterios de distinta índole lingüística, una propuesta de delimitación e identificación funcional de los significados de sustantivos polisémicos concretos, como fase previa de la estructuración de tales significados, lo que se traduce en una importante repercusión para la praxis lexicográfica al presentar la autora un esbozo de diccionario funcional correspondiente a un considerable número de los sustantivos analizados. De esta manera, se sitúa la lexicografía moderna como praxis en el marco de la lexicología como disciplina descriptiva[189] con el planteamiento de un estudio lexicográfico en el que se delimitan invariantes y variantes semánticas y se identifican funcionalmente los respectivos significados en signos lingüísticos distintos o no. Naturalmente se advierten los escollos y dificultades que conlleva este tipo de análisis, pero se aportan algunos de los criterios necesarios para la confección de un diccionario funcional[190]. Así pues, dada la no existencia de semánticas de lenguas particulares[191], estos materiales léxicos suponen un primer acercamiento en este intento de realización de un diccionario –inexistente hasta el momento en ninguna lengua– que refleje el sistema, no la norma académica o de uso, de una determinada lengua mediante la estructuración y organización interna de los significados de sus correspondientes entradas léxicas.

Por todo ello, no existe ningún componente teórico en la metalexicografía, desde el momento en que la lexicografía es una disciplina aplicada que atiende a un cometido estrictamente práctico, la confección de todo tipo de obras lexicográficas, y que cuenta, como contrapartida en el plano teórico, con la semántica y, de forma especial, con la lexicología, encargada del estudio científico del léxico, en tanto que en ambas subyacen los principios teóricos que rigen la elaboración de estas obras. Se explican así las definiciones que conciben la lexicografía como rama (aplicada) de la lexicología, con cuya caracterización estaríamos de acuerdo tan solo hasta cierto punto –digamos que en la forma material o en el punto de partida adoptado en la macroestructura de un diccionario–, dado que sus entradas están constituidas generalmente por palabras, pero, en cuanto al conjunto de informaciones registradas en cada microestructura, se trata de una disciplina aplicada de la lexicología en particular y de la semántica en general, al contener (si bien de forma asistemática) los artículos de un diccionario, principalmente, informaciones lexicográficas relativas a todos los niveles semánticos, desde el morfológico al textual: categoría y subcategoría lingüísticas, otras informaciones gramaticales, contenido léxico de las diferentes acepciones de los vocablos registrados a partir de diversos tipos de definición lexicográfica, combinatoria sintáctica e información textual y pragmática, e incluso de otras disciplinas lingüísticas, como la fonética, la lingüística histórica, la sociolingüística o la dialectología, al incorporar también

---

189. Esta línea de interrelación entre lexicología y lexicografía ya fue preconizada, como hemos visto anteriormente, por Dubois *et al.* (1979: 400), quien, desde una perspectiva estructuralista, introducía el estudio de los diccionarios estructurales dentro de la lexicología.

190. En esta línea, véanse los criterios y dificultades para su elaboración expuestos por Muñoz Núñez (1999c: 1191-1197).

191. Aspirar a la descripción de la semántica particular de una lengua concreta es todavía hoy un objetivo que no han llevado a cabo los semantistas que aplican sus planteamientos teóricos a una determinada lengua histórica (cf. Trujillo 1976: 116, n. 9 y 1997: 32). Véase, recientemente, para el español, el análisis descriptivo (con gran aporte de ejemplificación práctica) de Casado Velarde (2021).

estas obras otros datos lingüísticos, mal llamados secundarios («información se-cundaria»), concernientes a particularidades de pronunciación, etimología y otros aspectos de carácter diacrónico y, sobre todo, toda clase de marcas de variación (localización geográfica, nivel de lengua en sincronía, nivel de lengua en diacronía, estilo de lengua, lenguaje argótico o jergal, terminología profesional o especiali-zada, acotación estilística, etc.).

Sin embargo, para una adecuada y correcta realización del trabajo práctico que supone la redacción de un diccionario, se requieren fundamentalmente unos criterios metodológicos que implican el conocimiento de un metalenguaje espe-cífico de la praxis lexicográfica, como es el caso, por ejemplo, de ciertas cuestiones relativas a las nociones de «definición» y «acepción» lexicográficas. Así, resulta im-prescindible estar familiarizados con las técnicas de definición (cómo se define y cuántas formas existen de definir) y los términos del metalenguaje lexicográfico con que se designan sus distintos tipos (por ejemplo, *hiperonímica, metonímica, sinonímica, antonímica, serial, mesonímica, ostensiva, enciclopédica, explicativa, constructiva*, etc.)[192]. Además, desde este último punto de vista, y dado que en el llamado campo semasiológico de la polisemia, se mezclaban toda clase de signi-ficaciones, desde auténticos significados lingüísticos o formas de contenido hasta todo tipo de sentidos y usos enciclopédicos, conceptuales y referenciales, todos estos aspectos han conformado el concepto de «acepción lexicográfica». En este sentido, conviene aclarar que el término *acepción*, más propio del metalenguaje de la lexicografía, no se utiliza en semántica con el mismo valor que en la praxis lexicográfica. Si bien en teoría semántica[193] se utiliza para referirse a las variantes u ocurrencias concretas de habla, a los sentidos contextuales, y se intenta evitar las consecuencias caóticas de su aplicación sin más, ya que este no tiene cabida en una descripción lingüística, al mezclar indiscriminadamente los signos distin-tos con sus variantes, en metalexicografía no se distingue entre invariante y va-riante de contenido, y esta indistinción es recogida por el concepto de «acepción»,

---

192. Véanse las reflexiones teóricas aportadas por Bosque (1982: 105-123) sobre estas clases de definiciones, así como los estudios que, en torno a la definición lexicográfica, ha reunido Lara (2004).

193. Véase, principalmente, la discusión teórica que, sobre el concepto de «acepción», introduce Trujillo (1976: 248-249) en sus consideraciones finales acerca de la polisemia: «Normalmente suelen englobarse bajo este término [*acepción*] todos los sentidos que se registran en el habla para una pala-bra dada, sin distinguir entre variantes e invariantes (…). Ahora bien, la función de base de un elemento léxico no es nunca una acepción, es su significado, es decir, aquello en que tal elemento consiste (…). Lo importante, dentro de la descripción lexicográfica, es que se separen antes que nada los distintos signos unidos a un significante y que luego se describan las variantes más normales de cada invariante registrada (…). La función de base es *lo que puede no faltar* y lo único que la lingüística es capaz de de-terminar con los medios que posee: las relaciones asociativas, las infinitas variaciones del discurso, etc., serán siempre imprevisibles».

que designa tanto a los significados como a los sentidos consignados en una entrada léxica.

Para tales cuestiones, que implican un saber metodológico en la aplicación de diversas técnicas en el tratamiento lexicográfico de los datos, además de un conocimiento metalingüístico, deberíamos reservar tan solo el término *metalexicografía* y no aplicar este para inexistentes principios epistemológicos de una supuesta y pretendida «teoría lexicográfica». En esta línea, y aunque en aquel entonces no había aparecido aún lingüísticamente el término *metalexicografía*, su concepto, en cambio, sí estaba recubierto en el sentido aquí indicado (como antesala conceptual, pues, del término *metalexicografía* creado posteriormente) cuando Dubois *et al.* (1979: 392) concebía la lexicografía como una técnica, la de la confección de los diccionarios, y el análisis lingüístico de esta técnica (cf. n. 186). Y es que la lexicografía es, en realidad, una disciplina eminentemente práctica (pura praxis) que dispone de una técnica o, más bien, de diversas técnicas de análisis, para lo que mantenemos la denominación de *metalexicografía*, con diferentes criterios metodológicos para el tratamiento del léxico registrado y ulterior elaboración de sus numerosos tipos de obras, pero las ciencias que la sustentan son la semántica, con carácter teórico general, y, en particular, la lexicología.

Estas dos vertientes básicas de la lexicografía, la práctica y la técnica, a las que subyace un componente teórico de carácter semántico y/o lexicológico, quedan patentes en las dos acepciones consignadas por Greimas / Courtés (1982: 242) bajo la entrada *lexicografía* de su diccionario: la primera, concebida como *campo de la lingüística aplicada* cuyo objeto es la elaboración de diccionarios (cf. n. 184), y la segunda, como *técnica* que presupone «un saber-hacer práctico», una cierta competencia metodológica con objeto de poder llevar a la praxis la organización y redacción de una determinada obra lexicográfica (perspectiva semasiológica u onomasiológica adoptada, reagrupamiento de las entradas y disposición e ilustración de las acepciones tratadas, etc.), aspectos todos ellos que exigen un saber teórico, en relación sobre todo a la definición (y su tipología) de las unidades léxicas, que remite a una semántica, fundamentalmente léxica, y a una opción en favor de tal o cual teoría semántica.

No deben admitirse, en consecuencia, las confusiones entre procesos semánticos, sobre todo lexicológicos, con aspectos lexicográficos ni, desde luego, identificar lexicología con lexicografía o advertir que, en el caso de esta pareja terminológica, se ha producido un triunfo de lexicografía sobre lexicología[194], lo cual,

---

194. Es el punto de vista planteado por Guerrero Ramos (1997: 177) en relación no solo con lexicología y lexicografía, sino también con terminología y terminografía, materias que trataremos en el siguiente apartado: «Si de la pareja lexicología/lexicografía la palabra que ha triunfado es lexicografía, de la pareja terminología/terminografía la que ha triunfado es terminología». Creemos, sin embargo, que

si bien es un hecho bastante cierto, no hace más que constatar el confusionismo e identificación existente entre tales materias, que, sin embargo, poseen diferente estatus lingüístico al operar sobre planos distintos: teórico, en el caso de la lexicología, y práctico, en el de la lexicografía. De este modo, puede decirse que la lexicografía es a la lingüística aplicada lo que la lexicología en particular y la semántica en general lo son a la lingüística teórica.

Semántica, *lexicología*, *metalexicografía* y *lexicografía* recubren, por tanto, conceptualmente diferentes componentes de diversa índole (*teórico*, *técnico-metodológico* y *práctico*) en el marco de las disciplinas semánticas, tal como quedarían representados en el siguiente esquema:

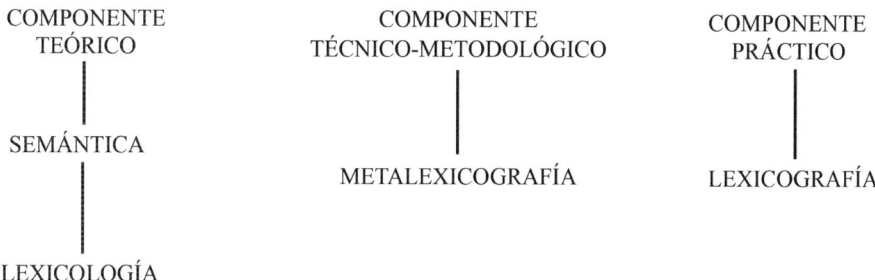

COMPONENTE TEÓRICO

SEMÁNTICA

LEXICOLOGÍA

COMPONENTE TÉCNICO-METODOLÓGICO

METALEXICOGRAFÍA

COMPONENTE PRÁCTICO

LEXICOGRAFÍA

De cuanto va expuesto se infiere que todo lexicógrafo debe ser semantista o, al menos, contar con amplios conocimientos semánticos para una satisfactoria puesta en práctica de estos en la confección de sus distintos tipos de obras. Por el contrario, sucede, generalmente, que el semantista, preocupado en especulaciones teóricas o, en el mejor de los casos, en problemas epistemológicos con aplicación concreta a ciertas parcelas del contenido de una determinada lengua, no realiza habitualmente diccionarios y, en caso afirmativo, debe conocer obligatoriamente las técnicas metalexicográficas, condición indispensable para que se produzca la necesaria reconversión del lingüista lexicógrafo en redactor de una obra lexicográfica.

El hecho de que tales condiciones normalmente no se cumplan en este campo provoca el divorcio existente entre teoría y práctica, la situación paradójica que generalmente caracteriza la relación entre semántica, lexicología y lexicografía y que fue denunciada hace ya bastante tiempo por Fernández Sevilla (1978: 89-90):

> En materia de lexicografía se exige hoy una renovación y puesta al día mucho más a fondo que en otras parcelas de la ciencia lingüística. El auge creciente de la

---

no se trata de una cuestión de que un término se haya generalizado más que otro, sino que todas estas disciplinas semánticas no tienen un mismo estatus lingüístico, al recubrir nociones, tanto teóricas como metodológicas y prácticas, bien distintas.

semántica, que previsiblemente va a seguir incrementándose en los próximos años, precisa, para llegar a buen término, una renovación profunda tanto en los métodos lexicográficos como en la recopilación y análisis de los materiales y en su presentación. La situación actual resulta en buena manera paradójica: la investigación semántica se viene apoyando en unos materiales lexicográficos seleccionados y elaborados sin tener en cuenta los principios teóricos desarrollados por la propia disciplina semántica (así la mayor parte de los vocabularios y diccionarios en uso). Por su parte, la técnica lexicográfica tampoco ha incorporado, al menos en la medida de lo deseable, el gran desarrollo experimentado tanto por la semántica estructural como por la generativa. De esta manera, ocurre que dos disciplinas, que tanto se necesitan y que tantos factores tienen en común, siguen ignorándose en la práctica.

Afortunadamente en los últimos años esta situación ha cambiado bastante y cada vez son más los lingüistas, procedentes de las más diversas disciplinas, que se incorporan al ámbito lexicográfico, para la dirección, coordinación o confección de trabajos de lexicografía general o específica, conscientes de que esta parcela lingüística es, hoy por hoy, un objetivo y descriptor fundamental de la lingüística aplicada, de que los conocimientos de los distintos campos lingüísticos requieren ser aplicados prácticamente y de que tales aportaciones teóricas deben servir para mejorar y actualizar las informaciones consignadas en los diccionarios, con lo que estos se erigen en una culminación, un fin último, un *a posteriori* de la investigación y la lexicografía se convierte, por encima de todo, en una mera praxis, un producto, un resultado, una finalidad o actividad teleológica del lingüista.

10.3. Terminología y terminografía

Ya en la contribución citada al comienzo de la introducción (cf. Casas Gómez 2006a), que, como se ha indicado, se trata de un trabajo complementario en diversos aspectos al presente estudio, aportábamos información detallada tanto historiográfica, en la que postulábamos la existencia, fuera de la lingüística, de una *semántica terminológica*[195] desde la primera mitad del siglo XX, como concerniente

---

195. De la misma manera que filósofos, lógicos, psicólogos, antropólogos o sociólogos se preocuparon por el fenómeno lingüístico desde sus respectivas disciplinas, concretamente se interesaron por los problemas relativos al significado y al proceso de significación, los científicos paulatinamente se van a involucrar en los fenómenos semánticos de la terminología, convirtiéndose este aspecto en uno de los contenidos de la semántica «tradicional», perspectiva que se caracteriza por su interdisciplinariedad y por tratarse de una etapa antecedente en muchas cuestiones de la lingüística actual. Desde esta óptica, si se habla de una semántica lógica, filosófica, psicológica, antropológica o social, debe postularse igualmente una *semántica terminológica*, desarrollada fundamentalmente en los dominios de la ingeniería y que hasta la segunda mitad del XX los lingüistas no empiezan a tratarla desde la visión de sus propios

a los principales objetivos de carácter teórico, metodológico y práctico de la terminología, en cuanto campo lingüístico relativamente nuevo que ha cobrado, por su inter/transdisciplinariedad, una extraordinaria vigencia y actualidad[196]. En esta línea, destacábamos el estatus científico de esta disciplina mediante la discusión de las nociones conceptuales que abarca; su integración en el panorama lingüístico desde la lingüística teórica y, de forma especialmente significativa, desde la lingüística aplicada; sus múltiples relaciones que establece con diferentes materias lingüísticas y no lingüísticas, y, sobre todo, la revisión de las características lingüísticas que definen a sus unidades constitutivas.

En efecto, la terminología, que nace alejada de la lingüística, ha tenido, sin embargo, un desarrollo espectacular, sobre todo desde el último tercio del siglo pasado, en el ámbito lingüístico con el desarrollo sistemático de los principios teóricos que subyacen a los términos o, más bien, unidades terminológicas –denominación más apropiada sugerida por Cabré (1999) que abarcaría no solo las expresiones simples sino las fraseológicas propias de los discursos especializados–, la revisión de sus diferentes métodos de trabajo y la exposición de los criterios metodológicos adecuados en el tratamiento de los datos terminológicos con vistas a la elaboración de ficheros y de diccionarios especializados. De este modo, se ha integrado tanto en el marco de una lingüística teórica como fundamentalmente dentro de una lingüística aplicada, llegando a formar parte de las distintas materias que recubre la semántica (lexicología, metalexicografía y lexicografía) y ocupando un lugar de enorme importancia en el ámbito de la traducción, la política y planificación lingüísticas o la variación lingüística, así como en disciplinas transversales como la informática y la documentación.

Si bien esta disciplina, que se encarga de describir el funcionamiento lingüístico de los diferentes lenguajes especializados, no solo de los técnico-científicos en sentido estricto, sino también de los correspondientes a las humanidades y

---

planteamientos. Adviértase de las incursiones que un científico como Wüster (1969: 3 y 1979) realiza en el terreno de las figuras geométricas –recuerden las dimensiones de su modelo léxico cuadrangular– que tenían como objeto de estudio el análisis de la esencia propia de la significación de los signos, aspecto este que, por cierto, conforma una de las tendencias más genuinas y singulares (la denominada específicamente *semántica analítica* o *referencial*), caracterizadora de los semantistas «tradicionales», los cuales, desde posiciones lingüísticas y extralingüísticas, se acercaron metodológicamente con triángulos y trapecios a la descripción de los componentes del signo y a la consideración del modo en que lo no lingüístico penetraba en el dominio de lo lingüístico. Tal como afirma adecuadamente Agustín (2000: 1255), todas las definiciones de «las nociones más esenciales de la teoría terminológica remiten obviamente a la teoría del signo lingüístico de Saussure y al *triángulo semiótico* de Ogden y Richards que, por otra parte, se ha visto desarrollado por otros modelos entre los que destaca el *modelo léxico cuadrangular* de Wüster».

196. Véase el conjunto de estudios recogidos en el panorama actual de esta disciplina coordinado por Guerrero Ramos / Pérez Lagos (2002).

ciencias sociales[197], es abarcadora de diversas nociones conceptuales, como han puesto de manifiesto diferentes autores[198], puede concebirse la *terminología*, en sentido genérico, ya que es el término más extendido y utilizado, como la disciplina, autónoma pero no independiente, que estudia, por una parte, los fundamentos teóricos que subyacen al análisis de los términos y, por otra, traza las directrices metodológicas y prácticas utilizadas en el trabajo terminográfico para la elaboración de ficheros terminológicos o la confección de glosarios técnicos o léxicos especializados. De los aspectos de teoría del lenguaje y de sus bases epistemológicas se encarga propiamente la terminología, mientras que de sus aspectos metodológicos y prácticos, en concreto de los criterios manejados en el tratamiento de los datos terminológicos y de la documentación terminológica (elaboración de ficheros terminológicos y de léxicos especializados) se ocupa modernamente la terminografía.

La teoría de la terminología no puede abordarse hoy «fuera de los presupuestos de la lingüística y, específicamente, de la semántica léxica» (Agustín 2000: 1258), si bien ambas materias precisan ser diferenciadas en la línea expuesta por algunos terminólogos modernos. Así pues, la terminología ocupa efectivamente un contenido de la semántica léxica en el sentido que esta ha adquirido y desarrollado recientemente en el panorama lingüístico actual (cf. Casas Gómez 2006a, 2020a y Casas Gómez / Hummel 2017), es decir, como disciplina que tiene como objeto de estudio un nivel específico de la semántica, el léxico, aunque en estrecha relación con otros niveles semánticos como el morfológico o el sintáctico y, por tanto, en interacción metodológica con otras disciplinas lingüísticas, no solo la morfología y la sintaxis, sino incluso la sociolingüística, con lo que queda claramente diferenciada de la lexicología tradicional. En efecto, la semántica léxica que sirve de sustento a la terminología es de base cognitiva, de naturaleza conceptual y de carácter interdisciplinar, en la que los aspectos comunicativos, propios de los lenguajes de

---

197. En la actualidad, la terminología moderna se ha desvinculado de uno de sus objetivos originales y primordiales, cual era la normalización internacional del lenguaje científico, preocupación central que se ha visto desplazada por la función de descripción, con lo que se ha producido un paso de una *terminología normalizadora* a una *terminología descriptiva*, pudiéndose distinguir en este último ámbito, como ha señalado Cabré (1999: 58), al menos tres diferentes niveles de actuación: léxico común, léxicos especializados de primer grado o vocabularios de tronco común y léxicos propiamente especializados o terminologías técnico-científicas.

198. En esta misma línea, terminólogos como Sager (1988: 21 y 1993: 21-22), Cabré o Guerrero Ramos han hablado de *terminología* como una disciplina que comprende tres nociones conceptuales: «a) el conjunto de principios y de bases conceptuales que rigen el estudio de los términos, b) el conjunto de directrices que se utilizan en el trabajo terminográfico y c) el conjunto de términos de una determinada área de especialidad» (Cabré 1993: 82), para las que Guerrero Ramos (1997: 178) reserva, respectivamente, los términos *terminología*, *terminografía* –usado ampliamente por Rey (1975, 1979 y 1988)– y *nomenclatura* o *vocabulario*.

especialidad, priman sobre los rasgos sistemáticos de tipo interno genuinos de la semántica, al situarse aquélla (la terminología) en una lingüística del hablar y de las cosas, que no de la lengua o del sistema.

Pero, si la terminología posee un estatus científico como disciplina lingüística teórica de carácter interdisciplinar situada en el marco de la semántica léxica, tanto su unidad, el *término* o, si se prefiere, como se ha indicado antes, la *unidad terminológica*, como su objeto de estudio, la *conceptualización* de tales unidades de conocimiento especializado, que implica su posterior *definición* terminográfica, deben contar con unos principios teóricos caracterizadores, a los que nos hemos referido pormenorizadamente en otros lugares[199], respecto a los que suponen la base epistemológica de la unidad y objeto de la semántica léxica, la palabra y el significado de las unidades léxicas, pues, en tanto el contenido lingüístico o significado supone el objeto específico de la semántica, el concepto y la definición lo son de la terminología, constituyendo así la información principal del documento terminológico.

En suma, desde un punto de vista estrictamente lingüístico, la terminología es una parcela que comenzó como capítulo o apartado de los manuales de semántica –recuerden, por ejemplo, las páginas que Coseriu (1977a: 96-100) le dedica en su semántica estructural– hasta adquirir en la actualidad un amplio desarrollo teórico y aplicado y convertirse en rama autónoma, aunque interrelacionada con otros campos lingüísticos y no lingüísticos, en el marco de las disciplinas semánticas. Hasta el momento hemos intentado demostrar, sobre todo, su vertiente teórica y su estatus científico como materia de lingüística general situada en los dominios semánticos del lenguaje, principalmente en el ámbito de la semántica léxica. Pero, junto a una terminología teórica, existe también una terminología aplicada o terminografía que ha avanzado enormemente en los últimos años, con la necesaria e inestimable ayuda, como disciplinas transversales, de la informática o terminótica[200] y la documentación[201]. Con este apoyo instrumental, se trabaja en la propuesta de modelos metodológicos representativos para la elaboración del documento o ficha terminológica[202], esto es, la confección de bancos de datos o

---

199. Véanse nuestros trabajos (1994: 79-122, 1994-95: 45-65, 1999a: 171-195, 2002b: 121-124, 2022b: 52-63 y Casas Gómez / Fernández Smith 2021: 715-732).

200. Que se ocupa de las relaciones entre la terminología y la informática y trata de la aplicación de esta al trabajo terminográfico.

201. Encargada, por una parte, de los documentos que contienen información y que, como la terminología, posee un carácter interdisciplinar al aplicarse a cualquier rama de la ciencia o del saber y, por otra, supone una actividad práctica cuyo objeto es facilitar información a los especialistas y usuarios que la requieran.

202. Una sucinta exposición de los campos normalmente consignados por los terminólogos, en concreto los que consideramos más representativos, como son los planteados, en sus respectivos modelos, por Auger y Rousseau (1977), Dubuc (1999: 105-118) y Cabré (1993: 278-288), en relación con el

ficheros terminológicos que sirven de soporte técnico para la recopilación, lo más exhaustiva posible, de los términos propios de especialidad utilizados por los especialistas de una determinada materia (los léxicos especializados), que no en otra cosa consiste la tarea práctica del terminólogo o, más bien, terminógrafo, con lo que, desde el punto de vista tanto práctico como del conocimiento de las técnicas y métodos de trabajo de la práctica terminográfica, esta disciplina se relaciona con la metalexicografía, en el sentido en el que aquí la hemos concebido (cf. 2), esto es, como técnica metodológica y, en ningún caso, para recubrir conceptualmente la «llamada» teoría lexicográfica (hasta el punto de que podría hablarse de *metaterminografía*, pese a que el término no esté aún acuñado), y, especialmente, con la lexicografía, «hiperónimo» conceptual de terminografía, en tanto esta última consiste en un tipo de lexicografía encargada de la confección únicamente de léxicos especializados.

Esta concepción de la ciencia terminológica desde la lingüística teórica y aplicada y su relación con otras materias en el ámbito de las disciplinas semánticas pueden quedar esquemáticamente representadas en el siguiente gráfico:

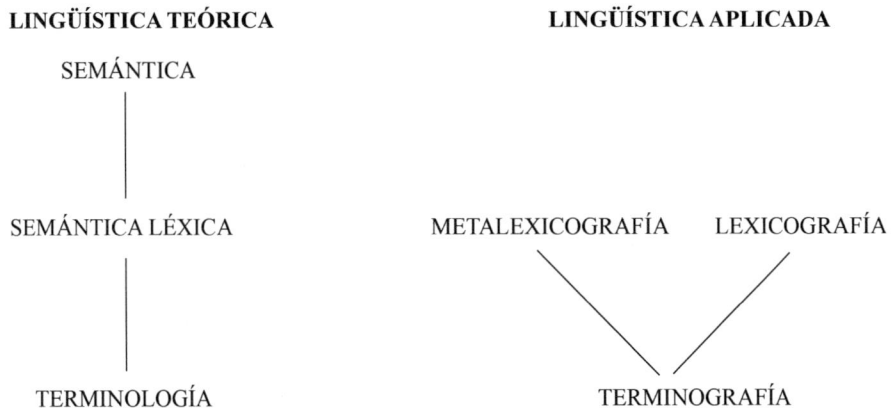

LINGÜÍSTICA TEÓRICA **LINGÜÍSTICA APLICADA**

SEMÁNTICA

SEMÁNTICA LÉXICA   METALEXICOGRAFÍA   LEXICOGRAFÍA

TERMINOLOGÍA   TERMINOGRAFÍA

10.4. A modo de conclusión

Nos hemos centrado en este trabajo en dos parcelas lingüísticas que han logrado una amplia dimensión en el ámbito de la lingüística aplicada, como son la lexicografía y la terminología, y en ellas se han establecido diversos componentes, de

---

documento terminológico, así como una propuesta, a propósito de la terminología lingüística, recientemente patentada, de ficha técnica que incorpora una serie de novedades relevantes en cuanto a las informaciones que deberían registrarse en la estructura del documento terminológico, puede consultarse en Casas Gómez (2003b: 137-142, 2006d: 25-36 y 2022c: 11-27).

carácter teórico, técnico-metodológico y práctico, con objeto de determinar el diferente estatus lingüístico que en el marco de las disciplinas semánticas posee la terminología frente a la lexicografía. Mientras ambas presentan cierta coincidencia analógica en lo que se refiere a planteamientos técnicos y aspectos metodológicos y prácticos, para los que han aparecido denominaciones como *metalexicografía*, *terminografía* e, incluso, podríamos proponer la de *metaterminografía*, la lexicografía no constituye una disciplina teórica, sino una pura praxis basada epistemológicamente en los presupuestos de la semántica y de la lexicología, en tanto que la terminología sí pertenece al campo de una teoría lingüística general de base comunicativa, en cuanto área restringida de una semántica léxica de carácter más bien «externo» que manifiesta no una visión sistemática de la lengua sino una perspectiva propia de una lingüística del hablar.

Capítulo 11
Dimensiones lingüísticas
de la semasiología y la onomasiología[203]

> Por eso, cuando un hombre me habla, no me habla con sus ideas: me habla con las mías. Sus palabras representan para él ciertas modificaciones, ciertos conceptos, ciertas ideas, con tal número de caracteres. Para mí representan menos elementos (por ejemplo): en virtud de esos caracteres él las ve relacionadas; a mí me faltan eslabones (…) mientras, *al parecer*, ese hombre me ha estado exponiendo sus ideas, no ha hecho más que combinar absurdamente las mías (Benot 1889: 340).

11.1. Introducción

El presente trabajo, con el que quiero rendir un modesto homenaje a mi querido compañero y amigo, el profesor José Luis Guijarro Morales, pretende como objetivo principal realizar un balance de las distintas aplicaciones que los conceptos «semasiología» y «onomasiología» han tenido desde su aparición como términos lingüísticos: desde la incorporación, primero, de la semasiología como disciplina lingüística en el siglo XIX y su posterior repartición (ya a mediados del siglo XX), junto con la onomasiología, como métodos complementarios dentro de la semántica, hasta su ulterior utilización en otros dominios del lenguaje, como las nuevas dimensiones lingüísticas que estos elementos adquieren tanto en la estructura y funcionamiento del acto comunicativo como en el terreno metalexicográfico.

---

203. Trabajo editado por M.ª Luisa Mora Millán bajo el título *Cognición y lenguaje. Estudios en homenaje a José Luis Guijarro Morales,* Cádiz: Universidad de Cádiz, 2008, 45-73.

11.2. Semasiología y onomasiología desde una perspectiva histórica

11.2.1. Semasiología como disciplina lingüística

Si realizamos un breve panorama historiográfico de la disciplina que describe el significado como objeto de estudio, comprobamos fácilmente el cambio terminológico sufrido por esta ciencia, que en su nacimiento como descripción científica del lenguaje, antes de que el término *semántica* se difundiera y lograra su aceptación generalizada por parte de la comunidad lingüística, se denominó primeramente *semasiología*[204]. En efecto, en la primera mitad del siglo XIX (hacia 1825 aproximadamente) un filólogo latino, Reisig, señaló un lugar autónomo a la teoría de la significación con el establecimiento de las bases de la denominada por él *Semasiología* (*Semasiologie* o *Bedeutungslehre*), ciencia dedicada a la investigación del significado y de los principios que rigen su desarrollo[205]. Su concepción historicista de la semasiología desde el punto de vista del cambio semántico, que el filólogo alemán describe en una primera parte de su trabajo, titulada «Grundsätze für die Entwicklung der Bedeutung», apoyándose principalmente en tres figuras de la retórica clásica como la sinécdoque, la metonimia y la metáfora, se completa con una segunda parte dedicada a los principios para la elección de las palabras de acuerdo a su significado («Grundsätze über die Wahl der Wörter nach ihrer Bedeutung»), en la que presta especial atención a la enseñanza de lo que este autor denomina *Sinonimología* (*Synonymologie*), es decir, «die Lehre von der Synonymik, nicht die Synonymik selbst», en cuanto disciplina de los fundamentos que pueden verificarse por lo general en el tratamiento de los sinónimos.

De esta forma, como reacción teórica a la consideración formalista del lenguaje, introdujo esta faceta de la lengua en sus clases de lingüística latina (*Vorlesungen über lateinische Sprachwissenschaft*), dictadas en la Universidad de Halle y publicadas póstumamente con anotaciones por Haase, en las que instaura la semasiología como dominio lingüístico de la gramática junto a la etimología (que incluía la fonética, la morfología, la formación de palabras y la ortografía) y la sintaxis. Con esta división de la gramática en tres disciplinas distintas (Etimología, Sintaxis y Semasiología), comienza su labor universitaria en defensa de esta última, nueva línea docente e investigadora que fue continuada por sus discípulos. Así, Haase

---

204. Un estudio historiográfico del nacimiento y evolución de esta disciplina y de este cambio terminológico puede verse en Casas Gómez (1999b), trabajo en el que se traza un panorama de las concepciones que significaron el inicio de la semántica como descripción científica, en concreto se analizan los dos modelos de teoría de la significación (germánico y francés) que se desarrollaron en el marco de la denominada semántica histórica, primera etapa en el devenir de esta disciplina lingüística.

205. Cf. Reisig (1839: 286-307), trabajo recogido en Antal (1972: 19-40). Su concepción aparece resumida en Baldinger (1956: 148-149; también 1957: 4-6, o en la traducción española 1964a: 5-6).

incluye igualmente una semasiología latina en sus lecciones de lingüística impartidas desde 1840, clases que fueron editadas, también después de su muerte, por Eckstein y Peter[206].

Estas dos obras de lingüística latina poseían en común las siguientes constantes significativas: 1) ambas se publicaron póstumamente, lo que no constituye un hecho aislado en la historia lingüística de esta época y que pone de manifiesto la escasa popularidad que todavía tenía la semasiología; 2) ambas salieron del seno de la filología clásica, y 3) ambas conformaron los inicios de lo que Baldinger (1956: 149, 1957: 5 y 1964a: 6) ha calificado de «etapa subterránea» en la historia de la semántica, primera etapa que, para este autor, va desde Reisig hasta 1880, fecha importante para el pensamiento lingüístico decimonónico por la publicación en Halle de los *Prinzipien der Sprachgeschichte* de Paul, si bien para esta nueva disciplina es más decisiva la de 1883, en la que Bréal funda la semántica en Francia, o incluso la de 1900, dada la profusión de estudios sobre semasiología o semántica que tuvo lugar a finales de este siglo como desarrollo de las líneas de investigación trazadas por los modelos germánico y francés de teoría de la significación. Así pues, con las obras de Reisig y Haase se inaugura un modelo germánico de semasiología, que afronta la significación de las palabras enmarcado en un ambiente lingüístico típicamente historicista y con una «fuerte dependencia de la Retórica cuyos conceptos fueron adoptados en la Semasiología» (Baldinger 1964a: 6).

Ya a finales del XIX, entre los años 1880-1900, con la proliferación de los estudios sobre esta nueva ciencia tanto en Alemania como en Francia, que se centraban principalmente en el problema de las «causas» y clasificaciones del cambio semántico, aparecen los trabajos de otros lingüistas, también latinistas, seguidores de la obra de Reisig, como Heerdegen y Hey, que suponen sendas derivaciones de la semasiología hacia terrenos de la lógica y de la psicología, respectivamente. El primero, además de publicar una semasiología y lexicografía latinas[207], edita una nueva versión revisada (Berlin, 1890) de la parte II («Semasiologie oder Bedeutungslehre») correspondiente a las clases de Reisig, donde adjunta sus propios «Grundzüge der Bedeutungslehre» en los que, siguiendo principios *lógicos*, intenta elaborar un sistema del cambio semántico mediante un examen aislacionista de las palabras[208]. Contrariamente a este, el segundo desechó en sus estudios de

---

206. Cf. Haase, *Vorlesungen über lateinische Sprachwissenschaft*, ed. por Eckstein, tomo I: «Einleitung und Bedeutungslehre», parte 1.ª, Leipzig, 1874 y Peter, tomo II: «Bedeutungslehre», parte 2.ª, Leipzig, 1880.

207. Cf. Heerdegen, *Untersuchungen zur lateinischen Semasiologie*, Erlangen, 1875-1881 y «Lateinische Lexikographie», que aparece como apéndice en la 4.ª edic. de la *Lateinische Grammatik* de Stolz-Schmalz, München, C. H. Beck, 1910, 687-718.

208. Conviene resaltar aquí que su idea de que en el lenguaje los conceptos se rigen por las leyes de la lógica ha desacreditado durante largo tiempo a la Semasiología. Es este el sentido de la

semasiología[209] las clasificaciones lógicas en favor del punto de vista psicológico, lo que explica, en cierto modo, que analizara en particular, dentro de las «causas» de los cambios semánticos, un fenómeno concreto de carácter psicoasociativo como es el eufemismo y su modo de empleo en la lengua latina[210]. El factor psicológico sería ampliamente desarrollado e impulsado en el marco de la semasiología por Wundt[211], si bien había sido ya incluido en la teoría del cambio semántico por su discípulo Rosenstein, que, en su disertación *Die psychologischen Bedingungen des Bedeutungswandels der Wörter* (Leipzig, 1884), expresa que las causas del cambio de significación competen exclusivamente al psicólogo[212]. Tal circunstancia tuvo resonancia tres años después en Francia al incorporar Darmesteter (1887/1895: caps. II y III), junto a las condiciones lógicas del cambio de sentido, las acciones psicológicas[213] en su conocida obra *La vie des mots*, considerada como el primer tratado de semántica en el ámbito francés.

Inserto en este psicologismo, aunque en el marco de la filología griega, se encuentran otros lingüistas, coetáneos de los ya citados, como Schröder, que, cuatro años antes de la aparición del famoso *Essai de Sémantique* de Bréal (1897), había realizado un intento de aplicación de las teorías semánticas historicistas al griego antiguo en su extenso trabajo *Griechische Bedeutungslehre* (Progr. Gebweiler, 1893), y, en especial, Hecht, quien, anterior a este, había escrito en 1888 un tratado en el que consideraba que la semántica griega, tal como queda reflejado en el título mismo de su obra (*Die griechische Bedeutungslehre, eine Aufgabe der klassischen Philologie*, Leipzig), debía ocupar una de las tareas principales de investigación de la filología clásica. El fundamento psicológico, y no lógico, de la Semasiología de este filólogo griego ha sido destacado por Kronasser (1952: 35-36), dado que la teoría de la significación para este autor tiene por objeto, como resume Martínez Hernández

---

fuerte crítica –compartida años después por Baldinger en las obras ya citadas (1956: 149, 1957: 6 y 1964a: 7)– que Kronasser (1952: 32) realiza al sistema lógico del cambio de significado propuesto por Heerdegen: «Heerdegen wollte ein System des Bedeutungswandels auf "logischer Grundlage" aufbauen, weil wir es in der Sprache "doch einmal mit Begriffen zu tun haben", die sich nach den "Gesetzen der Logik" richten. Damit hat H. einen verhängnisvollen Fehler und die Semasiologie auf lange Sicht in Mißkredit gebracht».

209. Cf. Hey, «Semasiologische Studien», *Neue Jahrbücher für Philologie und Pädagogik*, 18, 1892, 81-212 y «Die Semasiologie. Rückblick und Ausblick», *Archiv für lateinische Lexikographie*, 9, 1896, 193-230.

210. Cf. Hey (1900: 515-536). Sobre el eufemismo en el marco de la filología latina, véase además el estudio de Wölfflin (1900: 26) publicado en el mismo número de la revista *Archiv für lateinische Lexikographie*.

211. En su *Völkerpsychologie*, tomo I: *Die Sprache (Bedeutungswandel)*, Leipzig, 1900.

212. Cf. Kronasser (1952: 42) y las obras ya citadas de Baldinger (1956: 149, n. 11, 1957: 6, n. 11, y 1964a: 7, n. 11).

213. Precisamente será al comienzo de este capítulo cuando Darmesteter (1887/1895: 88, n. 1) utilice el término *sémantique* para designar «la science des changements de signification dans les mots».

(1984: 377), «mostrar cómo actúa el acontecer psíquico[214] en la evolución del significado y seguir el proceso evolutivo de los significados a lo largo de toda la historia de la literatura griega». Así pues, con este estudio, de profunda acentuación psicologista, Hecht tiene, además, «el mérito para la historia de la semántica griega de haber sido su iniciador, recogiendo y sistematizando sugerencias y materiales aislados de filólogos anteriores como Steinthal, Lehrs, Bechtel, Tobler, etc.» (Martínez Hernández 1984: 378).

No cabe duda de que el intento de dar respuesta a la pregunta acerca de las «causas» y tipología del cambio semántico a partir de las dos últimas décadas del siglo XIX motivó el giro de la semasiología hacia distintas disciplinas como la lógica, la psicología o la filosofía del lenguaje[215]. Es así como, a finales de este siglo, la clasificación tradicional, que, desde un punto de vista *retórico*, los antiguos clásicos utilizaban para explicar los distintos cambios de significado (tropos), fue sustituida sucesivamente –como enumera Svoboda (1960: 249)– por la clasificación lógica (Heerdegen, Paul, etc.), *axiológica* (valor de las palabras: Darmesteter, Jaberg, etc.), *histórica* (historia de la civilización: Schuchardt, Meringer, etc.), psicológica (Wundt, Bally, etc.), *sociológica* (Meillet), *etnológica* (Werner), *sintáctica* (Hatzfeldt), *noética* (Stern) y *funcional* (Ullmann)[216]. Se explica así que los factores lógicos, unidos estrechamente a los de carácter filosófico, psicológicos, antropológicos y sociológicos penetraran en el terreno de la lingüística en general y de la semasiología/semántica en particular, con lo que esta disciplina adquiere distintas interpretaciones significativas y, correlativamente, diversas acepciones terminológicas, que han llegado hasta nuestros días[217]: semántica lógica, semántica filosófica, semántica psicológica o general[218], semántica sociológica, semántica antropológica y semántica lingüística.

---

214. Véanse también los trabajos de Baldinger (1956: 149, 1957: 6 y 1964a: 8).

215. Desde este último punto de vista y como reacción a Wundt, destaca la crítica y el sistema propio de filosofía del lenguaje propuesto por Marty, *Untersuchungen zur Grundlegung der allgemeinen Grammatik und Sprachphilosophie*, tomo I, Halle, 1908, cap. IV: 51-95.

216. En uno de los manuales más completos sobre este problema, Kronasser (1952) hace un desarrollo histórico de los distintos sistemas clasificatorios y puntos de vista que se habían formulado sobre las «causas» y clases de cambio semántico desde el nacimiento de la semasiología hasta el trabajo de Struck (1940, 2.ª ed. 1954 y su versión posterior con enfoque pedagógico de esta obra: *Die Bedeutungslehre als Hilfsmittel bei der altsprachlichen Lektüre*, Berlin, 1959).

217. Cf., en este sentido, la descripción de las «tres semánticas» (*lógico-filosófica*, *psicológica* o *general* y *lingüística*) de Guiraud (1955: 5-10), así como la explicación de la polisemia de este término ofrecida por Bustos Tovar (1977: 144-151). Una adaptación del cuadro de Welte (1985: 566) sobre los diferentes tipos de semántica puede verse en Martínez Hernández (1990: 1011). Para un reciente análisis de estos y otros numerosos usos conceptuales de la semántica, cf. Casas Gómez (2020b, 2021a y 2023a).

218. Esta identificación de lo *psicológico* con lo *general* en semántica, heredera de la tradición germánica que concedía, como estamos viendo, una preponderancia especial a este tipo de factores

Esta misma concepción historicista de la semasiología germánica en tanto ciencia del cambio de significado de las palabras con una cierta orientación psicológica[219] se desarrolló con mayor éxito y repercusión en el ámbito francés, donde en 1883 un autor procedente también de la filología clásica, Bréal, formuló, en un trabajo (1883: 132-142) considerado como fundacional en la historia de la disciplina («Les lois intellectuales du langage. Fragment de sémantique»), la necesidad de una ciencia que instauró con el nombre de *Semántica*, caracterizándola como la ciencia de las significaciones y de las leyes que presiden la transformación de los sentidos, la elección de expresiones nuevas, el nacimiento y la muerte de las locuciones[220].

Tanto la creación del término como el objetivo fundamental que persigue este autor, coincidente en líneas generales con el planteamiento de la semasiología de Reisig, merecen ciertas puntualizaciones. En primer lugar, el autor francés introduce y difunde el término *semántica*, pero, como señala Baldinger (1964a: 5), no

---

como promotores del cambio semántico, ya se observa en ciertos representantes de la semántica histórica de orientación psicologista, como refleja el título mismo de la obra del padre Restrepo, *El alma de las palabras. Diseño de semántica general* (1917). Sin embargo, alcanza su más álgida consolidación con la tesis desarrollada por el matemático y lógico polaco Korzybski, *Science and Sanity. An Introduction to Non-Aristotelian Systems and General Semantics* (Lancaster, Pa., Science Press Printing Co., 1933), cuya semántica general es una psicosociológica o fisiopsicológica conductista del signo, como ha resumido su trabajo Guiraud (1960: 91-99; cf. también, para el uso de *semantics* en este autor y sus seguidores, Read 1948: 88-89). Nosotros preferimos reservar, en cambio, el término de *semántica general* como genérico que abarca las distintas disciplinas que conciernen a los diversos puntos de vista o enfoques de esta materia o bien, en sentido restringido, como equivalente de uno de sus aspectos específicos, la semántica lingüística, que tiene por objeto el estudio de los fundamentos teóricos que subyacen en el análisis del contenido lingüístico con aplicación a los diferentes niveles significativos (morfológico, léxico, suboracional, oracional y textual) de las correspondientes lenguas particulares.

219. Al referirse a este ámbito francés a propósito de la polisemia en la semántica histórica, Muñoz Núñez señala con razón en su tesis doctoral (1996a) que este modelo «surge con la obra de M. Bréal y que, de la mano de sus continuadores, parece heredar algo del psicologismo que progresivamente va impregnando los estudios de corte histórico en el ámbito alemán». Es más, Bréal hace explícito el punto de vista psicológico de sus planteamientos, tanto en su artículo sobre las leyes intelectuales del lenguaje (1883: 142), que concluye en los siguientes términos: «Nous arrêtons ici ces notes, heureux si nous avons réussi à montrer, par un petit nombre d'exemples, quelle sera un jour, pour la connaissance des lois *psychologiques* du langage, l'importance de la *sémantique*», como en el párrafo final de la introducción, que él titula «idée de ce travail», de su ensayo de semántica (1897: 8), en el que, de nuevo, dice expresamente que «les lois que j'ai essayé d'indiquer étant plutôt d'ordre *psychologique*».

220. «L'étude où nous invitons le lecteur à nous suivre est d'espèce si nouvelle qu'elle n'a même pas encore reçu de nom. En effet, c'est sur le corps et sur la forme des mots que la plupart des linguistes ont exercé leur sagacité: les lois qui président à la transformation des sens, au choix d'expressions nouvelles, à la naissance et à la mort des locutions, ont été laissées dans l'ombre ou n'ont été indiquées qu'en passant. Comme cette étude, aussi bien que la phonétique et la morphologie, mérite d'avoir son nom, nous l'appellerons la SÉMANTIQUE (...), c'est-à-dire la science des significations» (Bréal 1883: 133; cf. también 1897: 8).

fue creado por él, si bien el lingüista suizo no aporta ninguna información más al respecto. En este sentido, aunque son evidentes las fuentes clásicas del término y la utilización de su adjetivo correspondiente tanto en griego (así *semantikós* fue usado frecuentemente por Aristóteles con diversos significados) como en latín (el helenismo *semanticus* se documenta en Marcial), parece que la primera aparición de este vocablo, al menos en inglés y como adjetivo en el grupo sintagmático *Semantick Philosophy*, data del siglo XVII, concretamente se encuentra, como ha testimoniado Read (1948: 78), en el siguiente pasaje de la segunda edición de un libro de John Spencer, de la Universidad de Cambridge, titulado *A Discourse concerning Prodigies: wherein the Vanity of Presages by them is Reprehended, and their True and Proper Ends Asserted and Vindicated* (London, 1665, 1.ª edic. 1663):

> Twere easie to shew how much this *Semantick Pilosophy*, in all the parts of it, was studied by the more ancient Philosophers, being so much recommended to them by the subtilty, pleasure and singular usefulness thereof to the ends of common life, but this would prove an impertinence in this place,

donde, en opinión de Read, «the phrase 'Semantick Philosophy'» se refiere claramente «to the study of the various types of divination, or, in a more up-to-date terminology, to prediction of the future on the basis of signs». Por otra parte, la concepción de *sémantique* formulada por Bréal se relaciona con la existencia del término *Bedeutungslehre*, sinónimo terminológico[221] de *Semasiologie* desde el trabajo inicial de Reisig en toda la tradición historicista del modelo germánico de teoría de la significación, según hemos apreciado su uso en los mismos contextos e incluso hasta en los propios títulos de manuales clásicos de este ámbito, como los libros ya citados de Kronasser o Struck. A este respecto, Geckeler (1983: 51, n. 3) comenta que el término compuesto germano «no tiene equivalente ni en las lenguas románicas ni en inglés y que significa literalmente "ciencia del significado"», lo que coincide con la mencionada definición de *sémantique*, «que, en realidad, es nada más que una traducción del término alemán». Desde nuestro punto de vista, más que una traducción del vocablo germánico, el concepto de semántica propuesto por Bréal no es sino una definición y caracterización paralela que traduce prácticamente la concepción de semasiología desarrollada años antes por Reisig, que es el auténtico padre de esta ciencia en tanto introductor de la teoría de la significación como disciplina autónoma de investigación lingüística. Lo que sí aporta como novedoso este modelo francés, frente al germánico, es la descripción de una

---

221. Para una explicación de estos términos como sinónimos, véase nuestra caracterización semántica de la terminología lingüística (1994-95: 51-52).

serie de «leyes», como el *contagio*[222] y la *especialización*[223] (más tarde, en su célebre *Essai de sémantique*[224], añade a estas la de *repartición*[225]), con las que Bréal explica numerosos ejemplos de cambios semánticos y con las que intenta contrarrestar las leyes de carácter fonético postuladas por los neogramáticos e inaugurar así prácticamente la semántica como ciencia.

11.2.2. Semasiología y onomasiología como métodos complementarios de análisis semántico

De la exposición de estos dos modelos de teoría de la significación en la semántica histórica, primera etapa y, al mismo tiempo, perspectiva de análisis de esta ciencia como rama de la investigación lingüística, se desprende la utilización de dos términos distintos (*Semasiología* o *Semántica*, de acuerdo con la influencia germánica o francesa, respectivamente) para denominar a la misma disciplina, lo que supuso, sobre todo en una fase inicial de la historia de la semántica, una confusión conceptual que motivó una coincidencia terminológica. A partir de aquí surgieron una serie de propuestas para deshacer esta competencia, hasta que finalmente tiene lugar lo que Coleridge denominó proceso de «desinonimización», que Bréal calificaba de «ley de repartición» de sinónimos, si bien en este caso en el ámbito de la

---

222. Se trata de la primera ley que analiza y la que ocupa el centro de atención de su trabajo programático (1883: 133-140), lo que contrasta sorprendentemente con el tratamiento que este fenómeno recibe más tarde en su clásico manual de semántica, ya que no aparece estudiado dentro de las leyes, sino como breve capítulo incluido en la tercera parte de su obra, dedicada a cómo se ha formado la sintaxis (cf. Bréal 1897, cap. XXI: 205-209).

223. Para el desarrollo de esta ley, cf. Bréal (1883: 140-142 y 1897: 9-25).

224. De esta obra existe una temprana traducción española (Miguel Bréal, *Ensayo de semántica*) publicada en Madrid sin año. Aunque no consta en ella el año exacto de edición, suponemos –por la fecha del *Homenaje a Menéndez y Pelayo* que aparece anunciado en la contraportada del libro– que esta versión debió publicarse en 1899 o 1900.

225. Ullmann (1964a: 141) y Gauger (1972: 33) la denominan, siguiendo al semantista francés, «law of distribution» y «Gesetz der Verteilung», respectivamente. Para una revisión detallada de esta ley de la semántica histórica a través de un análisis contrastivo de ejemplos en diversas lenguas, cf. nuestro trabajo (1998a). Desde un punto de vista historiográfico, resulta significativo que la repartición no aparezca caracterizada como ley en la obra de Darmesteter (1887), quien se había adelantado diez años a Bréal con la publicación de un primer manual de semántica, dada la tardanza de catorce años de este último en publicar su famoso *Essai de sémantique* (1897). Tendríamos, pues, que esperar hasta la aparición de su clásica obra, para comprobar, en los dos primeros capítulos de la primera parte –dedicada a las leyes intelectuales del lenguaje– de su obra (1897: 9-38), cómo Bréal justifica, junto a la especialidad (que constituye el capítulo inicial), el desarrollo de la repartición como ley constante con la explicación sistemática de numerosos casos, tendencia que otros autores habían calificado como proceso de desinonimización.

terminología lingüística; es decir, se llega a la posterior repartición por especialización terminológica entre *semántica*, *semasiología* y *onomasiología*.

Por consiguiente, desde una visión historiográfica, se ha de señalar que, desde finales del siglo XIX hasta prácticamente los años sesenta del siglo pasado, los términos *semasiología* y *semántica* se confundieron conceptual y terminológicamente, existiendo así diversas propuestas de diferenciación entre ambas denominaciones por parte de distintos autores, principalmente por Baldinger, verdadero artífice del proceso de repartición terminológica desencadenado en la semántica «tradicional»[226].

Un breve repaso a las fuentes doctrinales de esta época fundacional de la disciplina sería, en efecto, suficiente para observar esta identificación entre *semasiología* y *semántica* y los intentos por separar conceptualmente ambos términos. Es lo que ocurre, por ejemplo, con el lingüista sueco[227] Stern (1931), que, consciente de la ambigüedad, generalidad y aplicaciones adicionales del término *semántica*, intentó, sin éxito alguno, una lógica propuesta que consistía en dejar este último término para los estudios extralingüísticos del significado y *semasiología* para su campo de estudio. Más o menos por la misma fecha, Firth (1935), basándose en el «'desynonymizing' process» de Coleridge (cf. Read 1948: 82 y 93 n. 33), sugiere una serie de diferenciaciones. En su opinión, debería usarse *semasiología* para el estudio histórico de los cambios de significado y *semántica*, desde una óptica pragmática, para la ciencia del significado desde el punto de vista de la situación y de la experiencia, añadiendo lo siguiente: «Another suggestion is that *phonetics* and *semantics* be regarded as branches of *general* linguistics, the corresponding fields in *special* grammar being *phonology* and *semasiology*» (Firth 1935: 65).

Pero estas y otras sugerencias, sobre todo la de Stern, no encontraron el apoyo y la resonancia suficiente por el peso específico que el término *semántica* tenía en Francia, frente al de *semasiología*. No obstante, este último término se hizo muy común en todo el dominio anglosajón y tuvo, concretamente, un uso muy extendido en América, pues fueron muchos los estudiantes que se postgraduaron en

---

226. Para una exposición revisada de los contenidos generales y tendencias específicas de la denominada semántica «tradicional» como etapa historiográfica característica de la semántica, principalmente, de la primera mitad del siglo XX, véase nuestra ponencia plenaria (Casas Gómez 2009a) en el «VI Congreso Internacional de la Sociedad Española de Historiografía Lingüística» (Cádiz, noviembre de 2007).

227. Se trata de un semantista que se movió entre la semántica histórica y la denominada generalmente semántica «tradicional», pues su visión del significado y clasificación de los cambios semánticos, no solo han servido de referencia y punto de enlace entre Bréal y Ullmann, sino de exponente, aunque posterior a Ogden y Richards, con la propuesta de un modelo de triángulo semiótico (cf. Stern 1931: 37-38), de la llamada «semántica analítica o referencial», una de las líneas de investigación más fructíferas de la semántica de corte tradicional (cf. Casas Gómez 2009a).

Alemania en el siglo XIX, como acertadamente comenta Read (1948: 83), que, en el importante acopio de materiales historiográficos incluidos en su artículo «An account of the word 'Semantics'», afirma, en un apartado titulado «Rivals of semantics», que la forma inglesa *semasiology*, registrada desde 1877 en el *OED*, «probably for the restricted sense of 'dictionary-meaning' it has until recently outweighed *semantics* in frequency», tanto que aún en 1945 Mencken declaraba que «semantics is a new name for semasiology, the study of the meaning of words»[228].

Por su parte, Guiraud (1955: 108-109) insiste en este problema al tratar las distintas divisiones del plano del contenido de la semántica. Desde su perspectiva, la *semasiología* (estudio de las significaciones de las palabras desde su forma significante) y la *onomasiología* (estudio de las palabras partiendo de la cosa significada) constituyen, más que dos disciplinas semánticas o partes autónomas de la *semántica* bajo sus diversas formas, dos puntos de vista distintos que suponen sendas metodologías complementarias de análisis. En esta línea, señala la necesidad de fijar esta terminología fluctuante y clarificar, especialmente, si la palabra semántica debe abarcar el conjunto de estos problemas o ser reservada para uno de ellos, idea esta que, como veremos, impulsa a Baldinger a establecer más tarde, en este mismo sentido, diferenciaciones entre estos vocablos que han llegado a cristalizarse lingüísticamente desde el punto de vista terminológico. Incluso el propio Ullmann –a quien posiblemente debemos en gran parte el triunfo definitivo de la palabra *semántica* por su preferencia por esta denominación en sus célebres estudios de la década de los cincuenta sobre el tema[229]– llega a afirmar en algunos de sus tratados, sobre todo en sus *Principles of Semantics* (1957: 5; cf. también 1964a: 142), que ambos términos siguen compitiendo todavía y son sinónimos algo engorrosos cuando se aplican a la filología.

Así pues, durante la década de los cincuenta e incluso principios de los sesenta, ambas denominaciones, *Semasiología* y *Semántica*, son utilizadas, como también advierte Baldinger (1964a: 6), «frecuentemente y con el mismo significado». Pero esta competencia terminológica no puede ser sostenida hoy día, dado que, con excepción de los planteamientos de ciertos autores, sobre todo de Alemania y de Europa oriental, como Struck (1940/1954), Kronasser (1952/1968), Zvegincev (1957), Schippan (1972/1975), etc., que han continuado esta tradición utilizando *semasiología* en su significado general, el término *semántica* va a

---

228. Mencken, *The American Language: Supplement I*, New York, 1945, p. 102 n. 1, citado por Read (1948: 82).

229. Según la acertada opinión de Geckeler (1983: 52). En este sentido, no podemos olvidar que la principal lengua de estudio y ejemplificación de este autor inglés, en el ámbito de la romanística, fue el francés y que llegó a publicar, entre sus libros más destacados, una semántica francesa (1952; traducida incluso al español con anotaciones por Bustos Tovar 1974), lo que sin duda facilitó la extensión de sus ideas y concepciones terminológicas.

suplantar, con el paso del tiempo, a este último, que acaba prácticamente por restringir su valor inicial en un sentido paralelamente opuesto al de *onomasiología* y ampliando aquél, no solo nuevos contenidos desde una visión estrictamente lingüística, sino abarcando toda una extensa gama de problemas de diversa índole (lógicos, filosóficos, psicológicos, sociológicos, antropológicos, etc.) que exceden los límites puramente lingüísticos. De este modo, tanto el término *semántica* como el que designa su objeto de estudio, el *significado*, se convierten, pues, en vocablos ambiguos con todo un campo de dispersión significativa que comprende un extenso abanico de especializaciones, matices interpretativos y acepciones terminológicas. En este sentido, la simple aplicación del principio de la conmutación o prueba del contexto para la identificación de unidades sinonímicas basta para comprobar que no puede aceptarse la igualación terminológica *semántica – semasiología,* ya que se habla de semántica general, filosófica, lógica, psicológica, sociológica o antropológica, pero no de semasiología general, filosófica, etc., distinción esta que fue ya advertida por Söll (1966: 94):

> die Gleichung *Semantik = Semasiologie z.* B. würden heute wohl nur sehr wenige akzeptieren. Man spricht von philosophischer, logischer, allgemeiner Semantik, aber nicht von philosophischer Semasiologie usw. Die linguistische Semantik ihrerseits bietet sich als Sammelbezeichnung oder Oberbegriff für Semasiologie + Onomasiologie an.

Por tanto, aunque sí es cierto que hubo un tiempo en que ambos términos se confundieron, actualmente han dejado de ser sinónimos por una repartición de su significado. Se ha producido un proceso de desinonimización o ley de repartición de sinónimos por especialización semántica, cuyo efecto o resultado ha sido la creación terminológica de una nueva relación hiperonímica-hiponímica, uno de los numerosos casos de hiperónimos, hipónimos y cohipónimos que se establecen en la terminología lingüística (cf. Casas Gómez 1994-95), como *monema-morfema, polisemia-sincretismo, semántica-axiología, interdicción-tabú,* etc.

Uno de los artífices principales del establecimiento de esta repartición terminológica fue, sin duda, Baldinger, quien, en su extenso artículo «Die Semasiologie» (1956), publicado un año después como monografía y traducido, como nueva versión, al español (1964a), diferencia estos dos términos. En efecto, la semasiología del lingüista suizo, si bien es continuadora de los postulados de la vieja tradición germánica, cuyo influjo se refleja en el propio término como teoría de la significación usado en el mismo título de la obra, puede servirnos en sus distintas ediciones de eslabón de este cambio terminológico que revela, de forma especial, una distinta concepción de la disciplina. En esta línea, ya en su versión original (1956: 152, n. 22) apunta que «"Semasiologie" oder "Semantik" hat zwei Bedeutungen, eine umfassendere (Wissenschaft von den Wortinhalten im Sinne Ullmanns) und eine speziellere (Inhaltentwicklung eines einzelnen Wortes)», idea esta que será completada más tarde en la edición española de este trabajo (1964a: 13, n. 22):

> Aquí se alude al sentido más especializado, pero en el título de este cuadro de conjunto se hace referencia al significado más general (…). Una parte de la controversia sobre la Semasiología puede reducirse al doble aspecto de esta denominación[230],

que incluye, además, un apéndice en el que expresa abiertamente la sustitución terminológica de *semasiología* por *semántica*:

> En el caso de una nueva redacción de este cuadro de conjunto, propondría una separación terminológica nítida entre *Semántica* y *Semasiología*, ya iniciada en la práctica, y que aquí todavía no se ha llevado a cabo (…): *Semántica* para el sentido más general de Teoría del contenido de la palabra, *Semasiología* para el sentido más restringido de Teoría de la significación en relación con el cuerpo de la palabra. Por consiguiente, el título de este cuadro de conjunto debería cambiarse en *La Semántica* (Baldinger 1964a: 52).

Aparte de las ideas contenidas en su semasiología, sobre todo con el cambio terminológico del propio título de su obra que este autor propone al final de esta última cita, en su artículo específico sobre los métodos semasiológico y onomasiológico (incluido como apéndice en su *Teoría semántica*), habla conscientemente, a propósito de la clarificación terminológica sugerida por Guiraud, de la doble significación –ahora ya anticuada– de la palabra *semasiología*, al distinguir, desde su perspectiva, entre *semasiología*, disciplina que considera el desarrollo de las significaciones de las palabras aisladas (campo semasiológico), *onomasiología*, disciplina que «envisage les désignations d'un concept particulier, c'est-à-dire, une multiplicité d'expressions formant un ensemble» (campo onomasiológico) y *semántica*, a la que define como ciencia del contenido del lenguaje, sentido más amplio que abarca tanto la semasiología como la onomasiología[231], método este último de análisis[232] iniciado, al menos en la romanística, con los trabajos de Tappolet (1895) y Zauner (1903: 339-530).

Algunas observaciones podemos extraer de esta separación terminológica propuesta por el lingüista suizo:

---

230. Obsérvese, como en tantos otros textos, la confusión entre los términos *significado* y *sentido*, tan frecuente y generalizada en toda la tradición semántica.

231. Cf. Baldinger (1964b: 250, n. 1 y 269, n. 1 y 1977: 268, n. 3 y 294, n. 4).

232. Para una historia del desarrollo de la onomasiología, sus tareas y métodos en el marco de la lingüística, así como una relación detallada de los principales autores y centros de investigación onomasiológica en el ámbito de la romanística y germanística, véase el trabajo de Quadri (1952).

1) las definiciones de tales términos responden por lo general a una caracterización muy historicista de los hechos semánticos, como se aprecia en expresiones como «cuerpo de la palabra», «palabras aisladas», «desarrollo de las significaciones», «palabra o concepto particular», etc.;

2) con excepción de la última definición, demasiado laxa, que ofrece de semántica (ciencia del contenido del lenguaje), tanto esta disciplina como sus dos métodos de análisis se reducen, como es habitual en toda la tradición semántica, al plano estrictamente léxico, al nivel de la palabra, y

3) los términos *significación* y *designación* en esta semántica histórico-tradicional no se corresponden con el valor conceptual que estos poseen en la semántica estructural de orientación lexemática, sobre todo el de *designación*, donde funcionan bien como tipos de relaciones, bien como niveles del significar (cf. Casas Gómez 2002b: 61-72). Aquí, por el contrario, tales conceptos indican, respectivamente, los procesos inversos que nos llevan de una forma léxica a un concepto y viceversa. Suponen, desde este punto de vista, la base teórica de la semasiología (campo de *significaciones*) y la onomasiología (campo de *designaciones*), métodos de investigación que, aunque presentes de un modo implícito en la concepción tradicional de Ullmann, fueron aplicados, tal como hemos visto, con terminología precisa sobre todo por Baldinger y modificados sustancialmente hacia un enfoque estructural por su discípulo Heger, especialmente en lo que respecta al procedimiento semasiológico.

Así, para este lingüista alemán (Heger 1974: 27-32), quien contribuye teóricamente a la concepción de estas metodologías, es necesario, sobre todo, reexaminar el problema de la relación entre el concepto y el significado (cf. Casas Gómez 2002b: 50-51), punto eje de su crítica a Baldinger. En este sentido, la formulación de su trapecio, en cuanto cadena de seis eslabones (*sustancia fónica*, *monema*, *significado*, *semema*, *concepto* y *cosa*), permite plantear de forma más coherente las bases metodológicas de la semasiología y la onomasiología. Dado que el monema y el significado (en el sentido hegeriano) están unidos consustancialmente, los diferentes aspectos suscitados por la semasiología y la onomasiología no pueden referirse, por tanto, a esta relación, sino que deben ser asignados a las que existen entre *significado*, *semema* y *concepto* y, si estas se caracterizan como relaciones de especie y género y de variación combinatoria, la concepción de semasiología y onomasiología debe partir de tales definiciones previas. Según él, ambos procedimientos metodológicos, tal como ha reflejado Baldinger (1977: 164) en el siguiente esquema, «se sitúan únicamente en el plano de la sustancia del contenido. La semasiología parte del significado (Bedeutungsumfang) y examina las diferentes significaciones o sememas deslindando los semas o *differentiae specificae* (…)»:

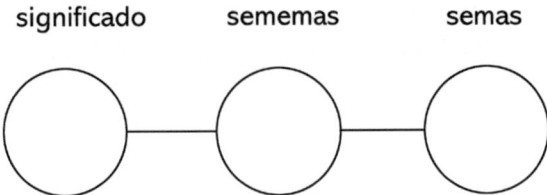

significado   sememas   semas

correspondiéndose exactamente con el método seguido por Pottier. Por el contrario, la onomasiología ya no puede ser considerada como simple inversión del método semasiológico, dado que la distinción entre significado y semema no resulta
relevante, pues ambos están unidos al concepto por la misma relación de especie
a género, sino que esta «presupone, del lado de los conceptos, la preexistencia de
una pirámide parcial de conceptos o de otro sistema lógico de relaciones» (Heger
1974: 29). Con independencia de la estructura de una lengua dada, la onomasiología parte del concepto para encontrar las diversas designaciones en una o en varias lenguas.

En consecuencia, frente a su maestro Baldinger, que sostiene una concepción puramente tradicional, aunque en algunas de sus ideas, sobre todo en lo que
respecta a la onomasiología, subyacen ciertos planteamientos modernos, la perspectiva de Heger podemos decir que es plenamente estructural por las siguientes
razones:

1) reduce el estudio de ambas metodologías al plano del contenido, tomando el plano formal de los monemas como simple contraste, como la
formalización que cada lengua hace de los significados relacionados con
sus conceptos respectivos, lo que se observa perfectamente en los gráfi-
cos que representa Baldinger (1977: 166-167) para expresar en concreto
el punto de vista de su discípulo al respecto;

2) la semasiología en Heger constituye una auténtica estructuración semántica en la línea conceptual de Pottier, mientras que en Baldinger estudia
las relaciones formales de significantes y significaciones como práctica
lexicográfica, y

3) los conceptos de semasiología en uno y otro autor se diferencian en su
concepción (tradicional/estructural) y contenido, pero se asemejan más
en lo relativo a la onomasiología, no existiendo, sin embargo, coincidencia exacta de posiciones, ya que, en tanto Baldinger busca las designaciones que expresa un mismo concepto, Heger, al situarse solo en el plano del
contenido, establece, además, las relaciones estructurales de los significados de tales designaciones respecto al concepto.

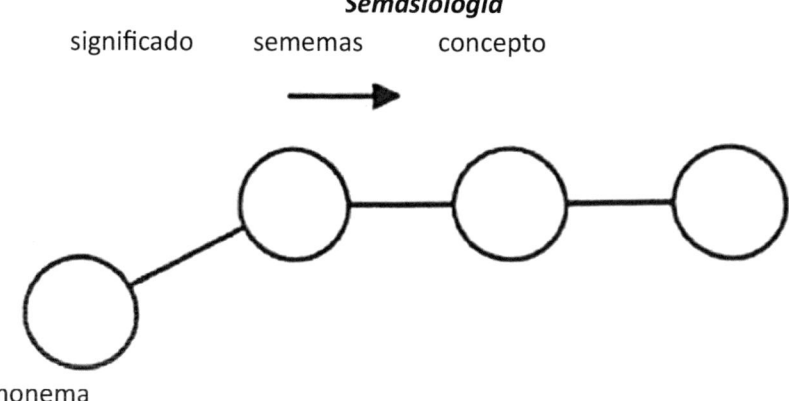

Semasiología

significado   sememas   concepto

monema

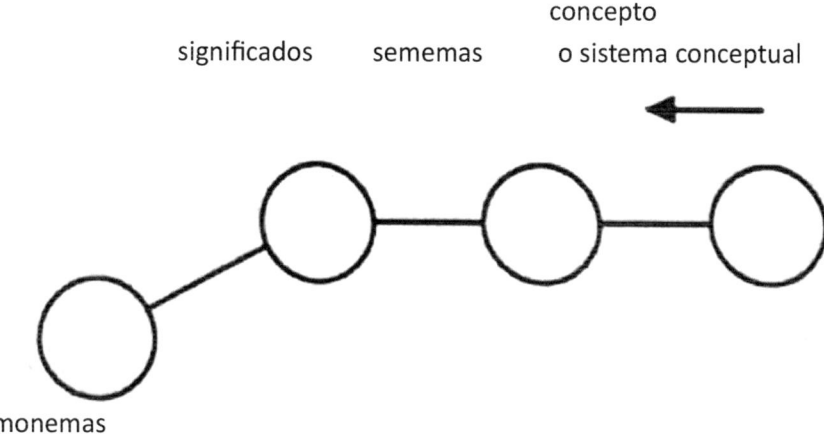

Onomasiología

concepto

significados   sememas   o sistema conceptual

monemas

En la onomasiología de Heger se estudian los sistemas conceptuales, independientes de una lengua, y las designaciones que los realizan en los diferentes sistemas lingüísticos, y en la semasiología se analiza lo dependiente de la estructura intralingüística, los semas específicos de cada lengua dada. De todas formas, si bien el trapecio, sobre todo en su primera modelización, ha tenido importantes repercusiones en la semántica –en contraposición al triángulo de Baldinger, de escasa trascendencia y continuador de esquemas tradicionales anteriores, sobre todo de Ullmann–, la concepción de onomasiología y semasiología de Heger no ha alcanzado proyección en nuestra ciencia y apenas es conocida. Digamos que cuando se habla de semasiología, que es el procedimiento más divergente entre estos dos autores, prácticamente nadie se está refiriendo al punto de vista de Heger en el sentido de descomposición de semas o rasgos semánticos, ya que para ello ha triunfado justamente el concepto de análisis componencial. Es decir, se entiende normalmente semasiología en su concepción estándar como método semántico tradicional en la línea del planteamiento de Baldinger. De la misma manera, las distinciones conceptuales entre *semántica* y *semasiología* han sido transmitidas asimismo por Heger (1974: 1 n. 1), que los separa perfectamente desde un punto de vista semántico, advirtiendo que «los dos términos *semántica* y *semasiología* no son sinónimos sino para quien por motivos de principio cree que debe poner en duda la legitimidad de la onomasiología». Previamente, en esa misma nota, había subrayado su diferenciación en lo relativo a la terminología utilizada, en la que, además de la identificación, tan asidua en la semántica histórica y «tradicional», entre *significación* y *significado*, observamos de nuevo cómo la semántica queda definida como lexicología, limitada a la función significativa de los monemas, concebido este término, como aparece utilizado por tantos otros semantistas, como unidad de la semántica equivalente a *palabra*:

> De acuerdo con una costumbre cada vez más arraigada, hago conscientemente la distinción entre *semántica* y *semasiología*. Como término genérico, *semántica* comprende todos los dominios de la lingüística que de algún modo u otro tienen por objeto la función significativa de los monemas (…). Dentro de esta *semántica* y, por tanto, como término específico, la *semasiología* se define por la oposición que forma con la *onomasiología*. Comprende todos los dominios en los que el punto de partida es el monema o un grupo de monemas y en donde el objeto del estudio es la significación, el significado, etc., de este monema o monemas[233].

Con la desaparición de esta competencia terminológica, el término *semántica* acaba sustituyendo, en cuanto denominación de la disciplina, a *semasiología*, que se va a limitar al estudio de las significaciones partiendo del significante o forma material (desarrollo del contenido de un signo particular o *campo semasiológico* o *de significaciones*), en un sentido correlativamente complementario al de *onomasiología* o estudio de los signos partiendo del concepto o de la cosa (multiplicidad de designaciones de un concepto particular que forman un conjunto o *campo onomasiológico* o *de designaciones*). Por su parte, *semántica* comienza a abarcar, con el paso del tiempo, nuevas perspectivas o enfoques de estudio desde un punto de vista lingüístico, principalmente con el análisis de los distintos niveles semánticos del plano del contenido. *Semántica*, por consiguiente, se convierte en término inclusivo que comprende tanto la semasiología como la onomasiología, disciplinas

---

233. Para el desarrollo de su concepción tanto de la *semasiología* como de la *onomasiología*, véanse las tesis expuestas en sus respectivos modelos trapezoidales (1965: 7-32, 1969a: 47-111, 1969c: 44-66, 1971: 22-48, 1974: 1-32 y 136-207, y 1981: 61-92, esp. 86-89).

específicas o, más bien, métodos de análisis[234] o de investigación lingüística con base epistemológica diferente que designan diversas perspectivas, opuestas por la naturaleza de sus correlaciones pero con planteamientos complementarios entre sí, dentro de la semántica, sirviendo sus diversas concepciones metodológicas de punto de arranque de desarrollos posteriores de esta disciplina. De esta forma, como a este respecto comenta también Geckeler (1983: 52), «en la terminología usual de hoy, 'semasiología' se entiende sobre todo como término opuesto a 'onomasiología' (…), de modo que no hay que confundir 'semasiología en sentido amplio' (equivalente a 'semántica') con 'semasiología en sentido estricto' (opuesta a 'onomasiología')».

Las dos acepciones terminográficas de *semasiología* (en sentido genérico o específico, respectivamente), así como la caracterización semántica de ambos métodos, pueden quedar representadas en el siguiente esquema gráfico:

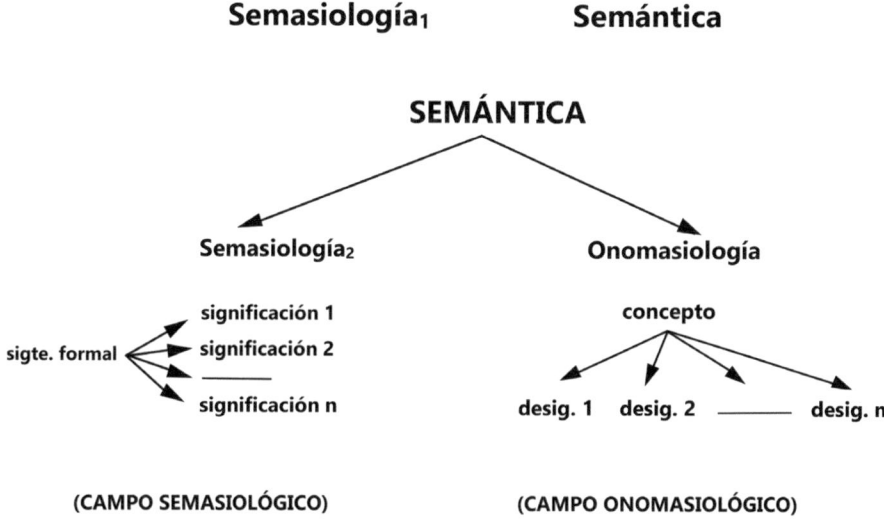

Tales conceptos complementarios, que derivan de la relación no simétrica significante-significado o concepto, base de los modelos geométricos de carácter triangular, trapezoidal, pentagonal o incluso, más recientemente, piramidal analizados, sobre todo, en la semántica analítica o referencial (cf. Casas Gómez 2009a, 2021b y Casas Gómez / Hummel 2017), se han aplicado, al menos, en otras dos dimensiones lingüísticas, las cuales reseñaremos a continuación.

---

234. Para un examen de las relaciones entre onomasiología y semasiología como «deux *méthodes* de recherche linguistique, plutôt que deux disciplines», véase el trabajo de Swiggers (1983: 431-438).

11.3. Onomasiología y semasiología como procesos comunicativos

Como aspecto relevante de la semántica «tradicional», que, además, sirvió de enlace y conexión con la semántica moderna de corte estructural, hemos de mencionar los análisis sobre la teoría general del acto de comunicación (cf. Jakobson 1963: 28-34 y 87-99 y 1973: 77-103), concretamente los fundamentos teóricos y metodológicos de la onomasiología y semasiología, las estructuras onomasiológica y semasiológica[235] y el papel del emisor y del receptor.

En este sentido, ambos métodos se integran en la teoría de la comunicación, de modo que tradicionalmente se ha hablado, por un lado, de un *camino* que va del *hablante* al *oyente* en el acto comunicativo, una posición *onomasiológica* de *elección conceptual designativa* de base *sinonímica*[236] y *codificación* del mensaje por parte del *emisor* y, por otro, de un *camino* en dirección opuesta (del *oyente* al *hablante*), el *semasiológico*, en el que, sobre una «estructura» *polisémica*, se lleva a cabo una *interpretación significativa* y *decodificación* del mensaje por parte del *receptor*:

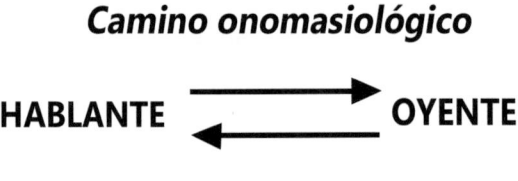

Camino onomasiológico

HABLANTE ⟶ **OYENTE**

Camino semasiológico

En relación con el funcionamiento de estos dos puntos de vista en el acto comunicativo, dos cuestiones básicas merecen, desde nuestra perspectiva, una cierta reflexión, pues hemos de plantearnos, en primer lugar, si realmente existe en la comunicación un camino semasiológico, esto es, una dirección que parta del oyente hacia el hablante y, en segundo lugar, si verdaderamente hay límites tajantes entre onomasiología y semasiología en el proceso comunicativo.

Sobre el primer aspecto, siempre hemos discutido la existencia de un supuesto camino semasiológico, dado que, según nuestra opinión, la única dirección

---

235. «La structure *onomasiologique*» –como bien señala Baldinger (1964b: 270)– «est basée sur la *synonymie*, la structure *sémasiologique* est basée sur la *polysémie*. L'onomasiologie envisage les problèmes sous l'angle de *celui qui parle*, de celui qui doit choisir parmi les différents moyens d'expression. La sémasiologie envisage les problèmes sous l'angle *de celui qui écoute*, de l'interlocuteur qui doit déterminer la signification du mot qu'il entend parmi toutes les significations possibles».

236. Recordemos, como hemos visto en 2.1., que ya en la segunda parte de su semasiología, dedicada a la sinonimia, en cuanto disciplina con amplia tradición dieciochesca, Reisig hablaba de la elección comunicativa del hablante en el caso de los sinónimos.

posible en la comunicación es la onomasiológica, en el sentido de que no hay nada que vaya del receptor al emisor en el fenómeno comunicativo, sino que, cuando el oyente interviene en el proceso, este se ha convertido ya en hablante, que, además, en todo momento, es oyente de sí mismo[237]. De esta manera, hemos de insertar lingüísticamente el tradicional concepto de diálogo en una teoría general del hablar como conversación, pues, desde un planteamiento coincidente con Báez San José (1997: 2 y 2002: 56), «del hablar como comunicarse con alguien intencionalmente se deriva (…) que todo hablar es *conversación* (diálogo) y, a partir de aquí, podrían esbozarse los fundamentos de una teoría universal de los tipos de conversaciones y, por ende, una teoría general de los géneros»[238]. Así, partiendo de dos criterios en el marco de un análisis conversacional, como son la alternancia o no del yo y la existencia de uno o dos o más participantes en la conversación, establece un sistema tipológico inicial de cuatro formas de diálogo: 1) *monologal monológico*; 2) *monologal dialógico* (estos dos primeros casos dependen de si, cuando nos dirigimos a nosotros mismos, existe o no expresamente desdoblamiento yo-tú); 3) *dialogal monológico* (conocido monólogo conversacional, esto es, cuando nos dirigimos a otro(s) y este/estos interviene(n) únicamente como oyente(s)), y 4) *dialogal dialógico* (tradicional diálogo conversacional, es decir, cuando el/los otro(s) interviene(n) alternativamente también como hablante(s)):

---

237. Explican esta situación aquellos famosos versos del primer poema, «Retrato», de *Campos de Castilla* de Antonio Machado:

> Converso con el hombre que siempre va conmigo
> –quien habla solo espera hablar a Dios un día–;
> mi soliloquio es plática con este buen amigo
> que me enseñó el secreto de la filantropía.
> (A. Machado, *Campos de Castilla*, Madrid, Taurus, 1974, 2.ª ed., p. 50)

o el hecho de que la retórica haya descrito la existencia de una figura estilística como la *epanortosis* o *corrección*, en ejemplos del tipo: «es que esta chica es sentimental, mejor dicho, sentimentaloide». En este sentido, Lázaro Carreter (1974: 118 y 164) consigna, en su diccionario filológico, tanto la voz *corrección*: «Figura retórica por la que el hablante o escritor se desdice, para expresarse enseguida con más propiedad; o bien, insiste sobre lo mismo, con nuevas notas que considera más ajustadas», como la entrada *epanortosis*: «A. *Selbstkorrektur*. Figura retórica por la que se vuelve sobre una expresión que acaba de formularse, para rectificarla: *lo encontré en el teatro, mejor dicho, a la entrada*».

238. Véanse las interesantes ideas que, desde esta óptica, aporta este autor en relación con las divisiones tradicionales acerca de los géneros. En esta línea, llega a afirmar que «lo verdaderamente definitorio como fundamento inicial de una auténtica teoría de los géneros es el hecho de que o bien me hablo a mi mismo o bien hablo a los demás» (Báez San José 2002: 56-57, n. 41).

	Monológico (sin alternancia/ desdoble del yo)	*Dialógico* (con alternancia/ desdoble del yo)
Monologal (un participante en el diálogo)	+	+
Dialogal (dos o más participantes en el diálogo)	+	+

Estas razones son más que suficientes para afirmar que, aunque en los fundamentos teóricos del acto de comunicación, se han incluido dos caminos opuestamente complementarios: el onomasiológico y el semasiológico, la única perspectiva existente realmente, desde el punto de vista del mensaje producido por un determinado acto comunicativo, es aquélla que va del hablante/emisor hacia el oyente/receptor. En esta dirección se mueve siempre la comunicación y solo así entenderemos el funcionamiento de cualquier acto de habla, como un producto de la actividad de hablar emitido por el que habla hacia sí mismo o hacia los demás. Por consiguiente, los conocidos caminos onomasiológico y semasiológico quedan integrados en el fenómeno comunicativo en tanto dos procesamientos cognitivos de información en dirección opuesta: una posición interiorizada onomasiológica de elección comunicativa y de codificación del mensaje por parte del hablante o emisor y otra, de carácter semasiológico, de interpretación y de decodificación de la información por el oyente o receptor:

Acto de comunicación

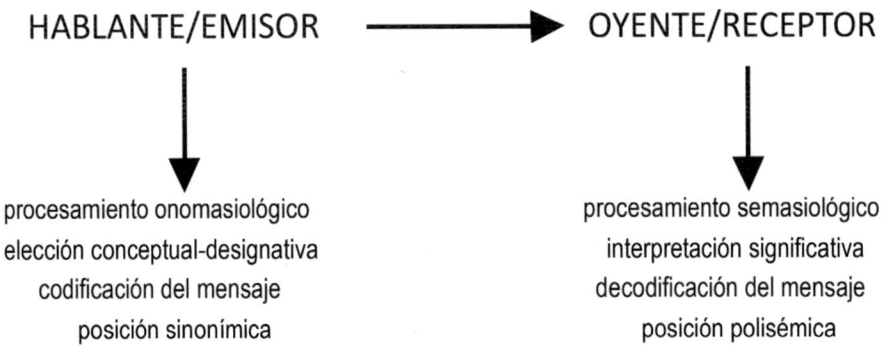

HABLANTE/EMISOR ⟶ OYENTE/RECEPTOR

procesamiento onomasiológico
elección conceptual-designativa
codificación del mensaje
posición sinonímica

procesamiento semasiológico
interpretación significativa
decodificación del mensaje
posición polisémica

En cuanto a la segunda cuestión planteada, no son pocos los fenómenos lingüísticos o ciertos aspectos de aplicación metodológica de los procesos aquí implicados, como veremos más adelante (cf. 11.4), que ponen de manifiesto, muchas veces, una falta de delimitación en la práctica de los hechos onomasiológico y semasiológico, debido, sobre todo, a que, en ocasiones, no se igualan los códigos de la emisión y la recepción. Esta no nivelación de ambos planos en la situación comunicativa puede deberse a circunstancias muy variadas, como la diversidad variacionista, especialmente diatópica, de los signos léxicos u otros hechos designativos de elección sinonímica del hablante que no logran tener el efecto deseado en el oyente, el cual puede llegar a interpretar, incluso, algo muy distinto a lo formulado por el hablante (los habituales malentendidos en nuestras conversaciones diarias); la diferente ordenación de los componentes semánticos de los elementos lingüísticos, que todo individuo, frente a otros de la misma comunidad lingüística, puede realizar mediante la suspensión de ciertos rasgos y la actualización de otros, y, principalmente, sus sentidos evocativos, todo ese elenco de matices estilísticos que acompaña al acto comunicativo.

Tales circunstancias provocan la existencia, a veces, de límites borrosos y fronterizos en los conceptos de onomasiología y semasiología como procesamientos comunicativos, desde el momento en que determinados fenómenos pueden encontrarse a medio camino entre lo onomasiológico y lo semasiológico, como ocurre, según se ha indicado, por ejemplo, en el terreno sinonímico y, de manera muy especial, en el análisis descriptivo de un recurso, de carácter cognitivo y de naturaleza pragmática y discursiva, como el eufemismo[239], cuya intención comunicativa es consustancial para su actualización. De ahí que en los últimos años hayan proliferado las definiciones que ponen de relieve la consideración pragmática del fenómeno[240] y que inciden en su caracterización discursiva y en los elementos que intervienen en el proceso comunicativo eufemístico[241], sobre todo en el papel

---

239. Para un estudio y definición del eufemismo desde esta nueva perspectiva de enfoque, véanse nuestros trabajos (2009b: 11-29, 2009c: 725-739, 2012: 53-72, 2018: 13-31, 2023c: 1-20 y Fernández Smith / Casas Gómez 2018: 25-52).

240. La relevancia de esta perspectiva pragmática y comunicativa en el estudio del eufemismo ha sido puesta de manifiesto en la monografía sobre el tema de Crespo Fernández (2007) y se ha visto también plasmada en el tratamiento del fenómeno en algunos diccionarios de lingüística, como ocurre en el *Diccionario de lingüística moderna*, cuyos autores, Alcaraz Varó y Martínez Linares (1997: 219-220), tras una primera consideración del proceso como figura del lenguaje desde un punto de vista estilístico y retórico, señalan que «el eufemismo nace por presión social, a veces en detrimento de la claridad comunicativa. Desde un punto comunicativo, el eufemismo (…) forma parte de las estrategias propias de la máxima de cortesía, especialmente la de respetar el derecho del oyente a no ser herido o molestado, siempre que no se pierda la inteligibilidad del mensaje, ni la sinceridad, propias de la máxima de calidad».

241. Como muestra de esta perspectiva, pueden verse, entre otras, las definiciones de Allan y Burridge (1991: 11): «A euphemism is used as an alternative to a dispreferred expression. In order to avoid possible loss of face: either one's own face or, through giving offence, that of the audience, or of some third party», de Warren (1992: 135), quien advierte que nos topamos con un eufemismo «if

interpretativo del receptor por los efectos perlocutivos que los correspondientes usos de naturaleza eufemística producen contextualmente en los destinatarios.

En este sentido, ya en una clásica caracterización lingüística del eufemismo, Senabre (1971) aducía una diferencia que competía al distinto funcionamiento del mensaje en los procesos de sinonimia, eufemismo y homonimia, dado que los estados homonímicos provocan en todo momento una ambigüedad significativa para el receptor en su tarea de interpretación semasiológica, efecto, en principio, inexistente en la sinonimia y también en el eufemismo, «que tampoco es ambiguo, pero a condición de que el receptor opere una transformación, una auténtica *traducción* del mensaje recibido» (1971: 184). De este modo, partiendo del hecho de que en la sinonimia lo emitido por el hablante se corresponde conceptualmente con lo entendido por el oyente, especialmente en aquellos casos de «sinonimia ortodoxa», compara algunas sustituciones sinonímicas, del tipo *diablo-demonio*, con otras eufemísticas, como *diablo-diantre*. Las primeras son sinónimas para el receptor y también lo serán las segundas, siempre y cuando este descubra la modificación fonética producida en el sustituto que afecta al cambio de los fonemas finales del vocablo interdicto, ocasionando una relación paronímica entre el sustituyente y el sustituido, ya que, en caso contrario, el oyente podría no sentir *diantre* como sustituto de *diablo*. Siguiendo esta idea, llega a la conclusión de que existe realmente un rasgo diferenciador, de carácter sincrónico, entre la sinonimia y el eufemismo, a saber, un rasgo que atañe a los participantes de la comunicación. En su opinión –y cito literalmente– «así como la sinonimia se producía al nivel del receptor –para el emisor no hay sinónimos– el eufemismo se produce al nivel del emisor, y por eso puede ocurrir que el receptor no lo interprete correctamente» (Senabre 1971: 184).

Por otra parte, el rasgo que marca el tipo específico de sinonimia que es el eufemismo tiene que ver con su carácter *resoluble*, término que se presta, como veremos, a ciertas interpretaciones. Senabre (1971: 183-184) señala que «el sincretismo eufemístico debe ser siempre resoluble si ha de ser comprendido por el oyente», pero sucede, a veces, «que los niveles lingüísticos de la emisión y la recepción son distintos», pues, al producirse este en el nivel del emisor, «puede ocurrir que el receptor no lo interprete correctamente»[242]. De cualquier forma, Senabre se centra casi exclusivamente en el carácter inestable y precario del sustituto eufemístico como

---

the interpreter perceives the use of some word or expression as evidence of a wish on the part of the speaker to denote some sensitive phenomenon in a tactful and/or veiled manner», o incluso de Lechado García (2000: 14), autor que, en su *Diccionario de eufemismos*, lo describe como «cualquier voz o expresión que sustituye a otra que, por razones diversas, resulta *inapropiada* para el hablante y para el oyente en un determinado *contexto*».

242. Se basa en algunos ejemplos como la interjección *¡caracoles!*, de la que dice que «únicamente una persona avezada caerá tal vez en la cuenta de que la transformación de la palabra inicial se ha producido mediante el paso de una articulación velar fricativa a otra oclusiva y la adición posterior

diferencia de orden diacrónico entre este y el sustituto sinonímico, y esboza, de manera muy vaga, una característica del eufemismo estrechamente ligada a la anterior, aunque más totalizadora y relevante: su *relatividad*. Debería, por consiguiente, haber insistido más en este hecho, dado que la escasa fijeza que caracteriza a este fenómeno no es más que uno de los muchos aspectos que muestran la relatividad inmanente a los procesos que comprende la interdicción lingüística. En efecto, el rasgo eufemístico, neutro o disfemístico de un signo dependerá de múltiples circunstancias y ofrecerá, por tanto, diferencias sustanciales según la época (donde podemos comprobar los deslizamientos semánticos y la inestabilidad diacrónica de los sustitutos eufemísticos), lugar, pueblo, clase social, sexo, edad, etc. Todos estos factores no hacen más que describir la esencia misma del eufemismo en tanto fenómeno social y su uso eminentemente discursivo, lo que, al mismo tiempo, explica el que no existan palabras-eufemismos/disfemismos sino solo usos eufemísticos/disfemísticos, así como aquellos otros casos de eufemismos disfemísticos y de disfemismos eufemísticos, de acuerdo con ciertos condicionamientos especiales de tipo pragmático como el contexto y la situación, de suerte que la interdicción de vocabulario se nos aparece como un fenómeno difícil de sistematizar lingüísticamente.

En relación con la interpretación de *resoluble* en cuanto comprendido correctamente por el receptor, se muestra más adecuada la deducción llevada a cabo por Montero Cartelle (1981: 25-26), que orienta su sentido restringiéndolo hacia una de las características más relevantes del eufemismo: su relatividad (aspecto este que, como acabamos de señalar, tan solo esboza, aunque vagamente, Senabre al referirse a lo efímero e inestable que diacrónicamente se presenta el fenómeno), concibiendo, de este manera, el término desde el punto de vista de «percibido como eufemismo por el hablante y el oyente». Y es que, por el simple hecho de que el eufemismo pertenezca al ámbito de la sinonimia, no quiere decir que se identifiquen ambos procesos[243], pues aquél, no solo es más *inestable* y *relativo* (rasgo que se observa en las divergencias existentes entre los hablantes en el proceso de elección de los sustitutos y usos eufemísticos, que depende de una serie de características variables como la formación, sexo, clase social o nivel cultural del individuo, y en los temas sujetos a la presión interdictiva), que este, sino que debe ser *resoluble*, en el sentido de que el eufemismo se presenta como una sinonimia *sub conditione* o comprendida correctamente por el oyente (dado que no siempre ocurre una nivelación o igualación de los códigos de la emisión y la recepción), o, más bien, *percibido* como tal uso eufemístico *tanto por el hablante como por el oyente*.

---

de un morfema», o el caso de *diablo* y *diantre*, que son sinónimos «siempre que el receptor haya introducido una pequeña corrección en el mensaje recibido».

243. Para un estudio global de las analogías y diferencias que caracterizan lingüísticamente a la sinonimia y al eufemismo, consúltense nuestros trabajos (Casas Gómez 1993a y 1995c).

Respecto a la diferencia sincrónica que establece Senabre entre la sinonimia y el eufemismo desde el punto de vista del acto comunicativo, no comprendemos cómo puede afirmarse que la sinonimia se produce en el plano del receptor, no existiendo sinónimos para el emisor. Los elementos «sinonímicos», frente a sus correlatos homonímicos y polisémicos, no conllevan generalmente ambigüedad para el receptor, aunque puede ocurrir que este, en su interpretación, vaya más allá del sentido entendido por el emisor, o viceversa, que el mensaje emitido por este no llegue a ser reconocido completamente por el receptor. Ahora bien, el fenómeno sinonímico en sentido extenso, que incluye al eufemismo como un tipo especial de sinonimia de características muy peculiares, es, ante todo, un problema que compete, en tanto proceso base de la onomasiología, siempre al hablante en el acto de elección comunicativa, en un sentido correlativamente opuesto a los hechos polisémicos u homonímicos, que comportan un proceso semasiológico de interpretación contextual del mensaje que atañe al oyente.

Sinonimia y eufemismo son, pues, fenómenos onomasiológicos que se producen en el nivel del emisor, si bien en esta última clase de sinonimia se requiere como condición necesaria la comprensión adecuada del sustituto o uso concreto por parte del oyente, con lo que el eufemismo se relaciona así, frente a la sinonimia propiamente dicha que carece de tal requisito, con el carácter interpretativo propio de la polisemia u homonimia. Se trata, en suma, de dos procesos de comportamiento onomasiológico, una relación semántica (sinonimia) y un fenómeno encuadrado lingüísticamente en este mismo ámbito sinonímico (eufemismo), que, sin embargo, participan, sobre todo en el caso de los usos eufemísticos, de ambos elementos de la comunicación (tanto del hablante como del oyente) y, en concreto, de las características de los hechos semasiológicos, por lo que podemos concluir que no siempre existen límites claros entre onomasiología y semasiología y el comportamiento lingüístico de determinados fenómenos solo puede explicarse desde la interrelación de ambos planos complementarios.

11.4. Semasiología y onomasiología como métodos de análisis metalexicográficos

En nuestro trabajo, incluido en este volumen, sobre el estatus lingüístico de las disciplinas aplicadas de la semántica (Casas Gómez 2007a: 938-943), hemos rechazado la aplicación del término *metalexicografía* para referirse a la denominada «lexicografía teórica», esto es, para aquellos inexistentes principios epistemológicos de una supuesta y pretendida «teoría lexicográfica», reservándolo, en cambio, para ese componente técnico-metodológico de la disciplina, con referencia al conjunto de cuestiones que implican un saber metodológico en la aplicación de

diversas técnicas en el tratamiento lexicográfico de los datos, además de un conocimiento metalingüístico.

Desde esta perspectiva de enfoque, los fenómenos de onomasiología y semasiología han tenido, por último, una importante repercusión en el terreno de la lexicografía, campo de estudio en el que tales conceptos constituyen dos métodos
de análisis metalexicográficos para la elaboración de tipos básicos de obras lexicográficas, como son los diccionarios onomasiológicos y semasiológicos, y donde se
habla de macroestructuras y microestructuras tanto conceptuales u onomasiológi-
cas como formales o semasiológicas, existiendo, sin embargo, mezcla o interrelación de ambos aspectos tanto en la sistematización y disposición de informaciones
de las entradas de determinados diccionarios como en la macroestructura general
y microestructura específica de otros diccionarios, como sucede con los de sinónimos y antónimos, cuya organización global es de carácter semasiológico o de tipo
formal por orden alfabético, mientras que posee naturalmente tratamiento onomasiológico en lo que respecta a la información conceptual contenida en cada entrada o *término de identificación*[244].

Lo onomasiológico y lo semasiológico se convierten en perspectivas inheren-
tes a toda clasificación tipológica de los diccionarios y a la práctica lexicográfica
como métodos complementarios de análisis, a veces en completa interrelación,
como ocurre, por ejemplo, en el *Diccionario de uso del español* de Moliner (1966-67),
tal vez, como ya hemos señalado en un estudio específico sobre las características generales de este diccionario (cf. Casas Gómez 1998d: 36-43), la obra lexicográfica que mejor refleja la interacción entre estas dos dimensiones, ya que
se trata de un diccionario a la vez semasiológico (descodificador) y onomasiológico (codificador)[245], análogo al *Diccionario ideológico* de Casares (1959), con la

---

244. Lexicográficamente, se conoce así el elemento léxico que ocupa el encabezamiento o entrada de un artículo de un diccionario de sinónimos en el que se enumeran los vocablos pertenecientes a la serie *sinonímica* (cf. Bally 1951: 147-148) o se explican sus diferencias semánticas. Este concepto
ya fue empleado por Bally (1951: 153-154) en el apartado que dedica a la identificación y las categorías
sinonímicas. En él, concibe el *terme identificateur* o *terme d'identification* como una categoría de pensamiento tan neutra como posible y exenta de todo tipo de afectividad, definiéndolo como «celui qui ex-
prime une pensée d'où l'on aurait éliminé, parla réflexion, toute manifestation de l'une ou l'autre des
tendances inhérentes à l'esprit humain». Más tarde, será utilizado por Gili Gaya (1965: XII): «En una serie
sinonímica más o menos extensa suele existir algún vocablo que contiene la noción común a todos los
demás términos de la serie de una manera más desprovista de connotaciones laterales: se le llama *término de identificación*» (cf., en este sentido, lo comentado por López García (1991a: 71), a propósito de
este concepto y de la estructuración llevada a cabo por este autor (1985) en su *Diccionario de sinónimos*).
Casares (1950: 153) lo denomina «substrato conceptual *irreducible* y *común*».

245. En este sentido, Martínez de Sousa (cf. Pérez Bouza, Casas Gómez y Martínez de Sousa 1994:
663) ha destacado, como una de las novedades lexicográficas de este diccionario, el «catálogo de palabras afines o pertenecientes al mismo campo semántico o de aplicación», que supone «la mezcla de un

diferencia de que en este ambas perspectivas se encuentran disociadas, mientras que en aquél aparecen imbricadas en el interior de cada artículo lexicográfico. Los críticos han coincidido en valorar positivamente la parte semasiológica del diccionario: su técnica lexicográfica en la confección de cada entrada, la revisión de las definiciones tradicionales y el valor intuitivo de las nuevas, la evitación de tautologías o círculos viciosos (intento que no lo consigue plenamente) o la descomposición y ordenación de acepciones y subacepciones, cuyo contenido descifrador resulta muy útil para un estudio de la polisemia, dado el desmenuzamiento analítico y no sintético de la información semántica de las entradas y el criterio genético (perfectamente compatible con el anterior) de ordenación de las acepciones (frente al empírico o de frecuencia de uso utilizado por la mayor parte de los diccionarios)[246], en el que se observan las motivaciones semánticas de las respectivas acepciones y se ofrece, en definitiva, una evolución semántica de los vocablos desde su valor significativo originario. Sin embargo, resulta más relevante insistir, no tanto en este aspecto semasiológico, sino en su imbricación con el onomasiológico, hecho este que posibilita, como resultado en el conjunto global de la obra, que esta alcance una riqueza semántica inigualable en el ámbito de la lexicografía española actual. Y es que su carácter codificador no viene marcado únicamente por los catálogos de sinónimos, palabras afines y referencias, incorporados de forma separada dentro de cada entrada, ni por la agrupación que presentan las palabras en familias léxicas, organización que plantea graves problemas de variado signo por constituir la parte más floja de elaboración del diccionario y que ha recibido numerosas críticas plenamente justificables, pese a su utilidad para la enseñanza y aprendizaje del español como lengua materna y extranjera (uno de los objetivos que intenta siempre cubrir la autora) o para trabajos concretos sobre formación de palabras o de campos semántico-etimológicos, sino que se manifiesta en la estructura y disposición jerárquica del contenido de cada definición, desde su extensión lógica hasta su comprensión semántica, desde su género próximo o rasgos genéricos hasta sus

---

diccionario codificador con otro descodificador; es decir, el ideológico al estilo de Casares y el de lengua al estilo académico, pero no por separado, sino como mezcla, de manera que la consulta de una palabra pone ante el usuario el conjunto del léxico relacionado con ella».

246. Aunque pueda parecer algo contradictorio que el criterio empírico no sea empleado en un diccionario de uso, esto es, que las acepciones se encuentren ordenadas en función de su mayor proximidad a la etimología y no en función de su mayor frecuencia y uso, hemos de decir que el criterio lexicográfico más consecuente con la descomposición semasiológica llevada a cabo es el genético o método histórico (denominado así por Casares), adoptado sin vacilaciones por la autora: «En cuanto a la ordenación de acepciones, no se ha vacilado en adoptar la siguiente: conceder la prioridad a la más próxima a la etimología, aunque no sea lo más usual ni siquiera usual, y colocar las demás a continuación, en orden de proximidad conceptual a ella, de modo que cada una se justifique lo más posible por la anterior hasta llegar a las que, acaso, sin este método, podrían parecer completamente desligadas de la etimológica» (1966-67: XXVIII).

diferencias específicas o rasgos diferenciadores[247]. A pesar de que tales presupuestos son discutibles, debido a la primacía de lo lógico sobre lo semántico, no cabe duda de que la ordenación de estos componentes en cuanto aspecto codificador de las definiciones de este diccionario tendrá su relevancia en el terreno de las genuinas relaciones léxicas que parten del punto de vista del contenido (cf. Casas Gómez 1999a), sobre todo en la *sinonimia*, pues si bien la definición sinonímica (que constituye el método más usual en la práctica lexicográfica) queda desterrada del diccionario, con la remisión de unos artículos a otros, donde se encuentran los valores de uso de cada «sinónimo», esto es, mediante la consulta de las distintas entradas contenidas en el catálogo sinonímico, sus definiciones nos proporcionan las diferencias semánticas entre los pretendidos «sinónimos» y, con ello, el *DUE* se convierte en un utilísimo diccionario explicativo de «sinónimos»[248] en un sentido extenso del término, y muy especialmente en una relación históricamente confundida con esta tanto en estudios teóricos como en trabajos lexicográficos, como es la *hiperonimia-hiponimia*. Por todo ello, el *DUE*, además de ser un diccionario semasiológico con un importante equipo de fórmulas y normas de definición, que refunde con un lenguaje más preciso y actual las definiciones académicas, es también un diccionario explicativo de «sinónimos», más propiamente de palabras afines, y, sobre todo, una relevante pieza lexicográfica para el análisis de hiperónimos e hipónimos, gracias a la estructura lógica ascensional o piramidal en forma de *cono léxico* que presenta la obra en general y sus definiciones en particular.

11.5. Consideraciones finales

A lo largo de este capítulo, hemos llevado a cabo un repaso del origen y evolución lingüística de los conceptos «semasiología» y «onomasiología». En los dos primeros apartados, se ha procedido a un estudio historiográfico de la aparición del

---

247. Para ello, la autora concibe la definición lexicográfica como una relación establecida entre tres términos (que constituyen los vértices de lo que denomina *triángulo definitorio*): «término definido (T), término genérico (G), que es el concepto de contenido más amplio en que aquél está comprendido, y término diferenciador (D), que limita la extensión del término G para que convenga exactamente a T (…). Las relaciones entre ellos, en cuanto a su extensión, son como sigue: G > T; G > D; D = T. La mayor extensión de G con respecto a T significa que todos los individuos abarcados por el concepto T están incluidos en el concepto G y este comprende además otros; la mayor extensión de G con respecto a D significa que D es aplicable como predicado solamente a una parte de los individuos comprendidos en G; del mismo modo, la igualdad de extensión entre T y D significa que D es aplicable como predicado a todos los individuos abarcados por el concepto T y, dentro del género G, solamente a ellos» (Moliner 1966-67. XV).

248. «El diccionario –nos dice la autora (1966-67: X)– resulta así un diccionario completísimo de sinónimos explicados».

término *semasiología* para designar, desde el inicio del modelo germánico de teoría de la significación de la semántica histórica, a la ciencia que hoy conocemos como *semántica*, circunstancia esta que provocó, durante bastante tiempo, una equiparación terminológica y conceptual entre ambas denominaciones, hasta que, finalmente y tras diversas propuestas de diferenciación, se logró una separación significativa entre ellas, con la limitación restrictiva de la *semasiología* y su correlato complementario, la *onomasiología*, en cuanto perspectivas o métodos de análisis de la *semántica* en sentido genérico. En los dos restantes apartados, se han revisado otras aplicaciones lingüísticas de tales conceptos, como su utilización como dos caminos o, más bien, como dos procesos cognitivos interiorizados de información opuesta que se producen en el acto comunicativo, cuya dirección es siempre de carácter onomasiológico, esto es, de hablante o emisor a oyente o receptor, y su empleo como técnicas o métodos de análisis metalexicográfico en el ámbito de la elaboración de distintos tipos de diccionarios. En esta línea, los hechos lingüísticos analizados en estas últimas aplicaciones, tanto desde un punto de vista metalexicográfico como desde otros aspectos a los que hemos hecho referencia en torno a la perspectiva de ambos conceptos como procesos comunicativos, han corroborado, en definitiva, la no existencia, como hemos intentado demostrar, de una separación nítida o de límites tajantes entre onomasiología y semasiología.

Capítulo 12

La fraseografía como disciplina lingüística aplicada[249]

12.1. Avances recientes en los estudios fraseográficos

Si bien el término *fraseografía*, al igual que le ocurre a *terminografía* y algo menos a *metalexicografía*, no se encuentra del todo normalizado en el metalenguaje general de la lingüística, como lo prueba su no inclusión documental, no ya en diccionarios generales de lengua, sino, lo que es más significativo, en diccionarios y léxicos especializados de nuestra ciencia y ni tan siquiera se consigna en obras lexicográficas relativamente recientes,[250] en los últimos años,[251] sin embargo, se han realizado interesantes aportaciones a la definición y caracterización de la fraseografía a partir de presupuestos conceptuales de la metalexicografía, cuyas deficiencias y aspectos historiográficos son análogos a la práctica lexicográfica.

---

249. Trabajo publicado en Hernández Sánchez, Eulalia y López Martínez, M.ª Isabel (eds.), *Sodalicia Dona. Homenaje a Ricardo Escavy Zamora*, Murcia: Universidad de Murcia, 2015, 91-108.

250. Así, como bien señala Olímpio de Oliveira Silva (2007: 22), no se hace ninguna referencia a este término conceptual en trabajos de lexicografía publicados, incluso, en este siglo XXI, como, por citar algunos, los de Bajo Pérez (2000), Alvar Ezquerra (2001), Porto Dapena (2002) o Medina Guerra (2003).

251. Véanse, en esta línea, algunos panoramas generales, reflejados en obras como las editadas por Wotjak (1998b), Corpas Pastor (2000), Mellado, Buján, Herrero, Iglesias y Mansilla (2010) o Pamies, Luque Nadal y Pazos (2011), pero, sobre todo, los trabajos de Olímpio de Oliveira Silva citados en la bibliografía (2009, 2011a (sobre la perspectiva onomasiológica en fraseografía, cf. también los estudios de Xatara 2011 y Pamies, Bálmacz e Iñesta 1998), 2011b y 2012), especialmente su libro *Fraseografía teórica y práctica* (2007), derivado de su tesis doctoral defendida en 2004 en la Universidad de Alcalá, bajo la dirección de la profesora Penadés Martínez, quien, además de sus obras generales de carácter teórico-aplicado y lexicográfico (2005, 2012, 2015, 2019a, 2019b) y sus análisis específicos sobre diferentes aspectos semánticos concernientes a las unidades fraseológicas (1997, 2000, 2003, 2004, 2018 y 2020), ha dirigido otros trabajos de investigación sobre esta temática, como las tesis doctorales de Rakotojoelimaria (2004) o de Aparecida Marques (2007). Sobre el análisis de la fraseología en el ámbito de la metodología de la enseñanza de lenguas, véase la tesis doctoral de Leal Riol (2007) y, más recientemente, la tesis y monografía de Ureña Tormo (2019 y 2024).

Así, por ejemplo, Olímpio de Oliveira Silva (2007), en su monografía sobre fraseografía teórica y práctica, ha abordado, con una adecuada organización descriptiva de los contenidos y precisión lingüística desde el punto de vista terminológico-conceptual, la revisión exhaustiva de los diferentes aspectos que conciernen a la fraseografía, como la selección y la delimitación del lema de las unidades fraseológicas, su variación fraseológica, la ubicación, la lematización y la ordenación (en el interior del artículo) en la macroestructura o en la microestructura tanto en los diccionarios generales como en los diccionarios sintagmáticos, la definición lexicográfica y el contorno definicional de estas unidades, su marcación lexicográfica (gramatical, diasistemática, técnica, connotativa, de transición semántica y normativa)[252], la ejemplificación y el papel de los *corpora* y el tratamiento lexicográfico de las relaciones semánticas de estas unidades. De esta forma, se han establecido los principios metodológicos que deben regir el tratamiento de los datos fraseológicos en la práctica fraseográfica, que abarca, no solo los diccionarios específicamente fraseológicos o el conjunto de informaciones sobre unidades fraseológicas consignadas en los diccionarios generales, sino todo tipo de repertorios lexicográficos.

12.2. El estatus lingüístico de la fraseología y la fraseografía

Por el término *fraseología*, que no está exento de controversia, se entiende «tanto el conjunto de fenómenos fraseológicos como la ciencia que los estudia» (Zuluaga 1980: 226) y, con estos dos sentidos designativos, se utiliza generalmente en la bibliografía crítica. En esta línea, Olímpio de Oliveira Silva (2007: 21, n. 11 y en colaboración

---

252. En un trabajo posterior en colaboración con otros autores (cf. Pinto, L. F. Rodrigues, L. S. Rodrigues y Olímpio de Oliveira Silva 2009: 135), hace referencia, entre otros, en lo que respecta a la marcación, a aspectos gramaticales, semánticos, connotativos, diacrónicos, diatópicos y diastráticos. Ciertamente la marcación lexicográfica supone una de las deficiencias de la lexicografía (cf. Fajardo 1996-1997) y, por ende, de la fraseografía. En efecto, tales marcas aparecen mal tratadas, sobre todo por la ausencia de criterios claros, siendo absoluta la asistematicidad de tales registros. En este sentido, la presente tipología variacionista merece algún tipo de comentario, dado que en esta clasificación de tipos de marcas se observa mucha mezcla de aspectos y criterios, desde gramaticales hasta normativos, que requieren una mayor sistematización teórica, como, por ejemplo, la distinción entre una marcación connotativa y una de transición semántica (que incorpora la marca *fig.*) o la separación de la marcación técnica o diatécnica de la diasistemática (diacrónica, diatópica, diatrática y diafásica), que necesita igualmente alguna justificación teórica como tipo de diafasía que es (cf. Casas Gómez 1993b, 1997b y 2003a), además de que se interpretan, a veces, las variantes diasistemáticas en el sentido de restricciones como marcas pragmáticas, en la línea de algunos autores que han abordado los tipos de variación lingüística desde la semántica, tal es el caso de Gutiérrez Ordóñez (1989: 122), quien considera todas estas posibles diferencias relativas a la variación léxica como indicaciones de uso y de carácter pragmático. Para tales posiciones teóricas sobre la variación desde la semántica y desde la sociolingüística variacionista, véanse, sobre todo, nuestros trabajos (Casas Gómez 1997a: 217-225, Casas Gómez / Escoriza Morera 2009: 151-173 y Casas Gómez 2016).

con Pinto y otros 2009: 127, n. 6) la define como «uma disciplina lingüística que tem por objeto de estudo certos tipos de fenômenos léxicos comumente reunidos sob o termo unidades fraseológicas, ou seja, combinações estáveis de palavras que apresentam certa fixação de forma e significado, entre outras características».

Si bien hay estudiosos que la conciben como una ciencia, ubicada en el mismo plano que la morfología, la lexicología y la sintaxis, o una subdisciplina de la lexicología, hay otros, como afirma Penadés Martínez (1999: 11), que la describen como «punto de síntesis o de coexistencia de otros ámbitos disciplinares de la lingüística». Es este el caso de Ruiz Gurillo (1997: 33-44), quien, ante la pregunta de considerar la fraseología una disciplina autónoma, plantea su carácter fronterizo, situado entre la lexicología y la sintaxis, y establece sus conexiones, además, con la morfología, la estilística, la semántica, la pragmática, la lexicografía, la paremiología e, incluso, con la sociolingüística y la psicolingüística, pues su tratamiento lingüístico supone abordar cuestiones relativas a todas estas materias «de forma integrada dentro de una disciplina independiente (…). En suma, lo que constituirá su tarea principal será determinar sus mecanismos internos como disciplina, de modo que, una vez constituida como independiente pueda ser considerada como interdisciplinar, es decir, pueda observarse como cruce de caminos» (1997: 43-44).

En lo que atañe a la fraseología, ya Wotjak (1983), aunque reconocía su estrecha relación con la lexicología, abogaba por la independencia de esta nueva y joven disciplina, por lo que conviene resaltar la observancia de una evolución, en los últimos años, en lo que concierne a su estatus, pues determinados autores, tal es el caso de Corpas Pastor, han pasado de considerarla una subdisciplina de la lexicología (1996: 15) a una disciplina independiente (2000: 1).

Por todo ello, en cuanto a la necesidad de que se le otorgue a las disciplinas que se encargan de las unidades fraseológicas (*fraseología* y *fraseografía*) el estatus de disciplinas autónomas, se ha de puntualizar que no existe unanimidad, ni siquiera para la *fraseología* (aunque esta, desde nuestro punto de vista, lo tiene o debería tenerlo), en reconocer su estatus lingüístico independiente como disciplina de la lingüística, como, sin embargo, sí lo ha adquirido recientemente la *terminología* en el panorama lingüístico actual. Tanto la fraseología como la terminología han avanzado extraordinariamente en los últimos años, pero no hemos de olvidar que la fraseografía y la terminografía son sus correlatos metodológico-prácticos. En este sentido, la fraseografía es a la fraseología lo que la terminografía a la terminología, y ambas (fraseografía y terminografía) son fruto de la estrecha relación que la fraseología y la terminología guardan con la lexicografía[253], encargada

---

253. De la conexión, en concreto, de la lexicografía con la fraseología se hace eco Ruiz Gurillo (1997: 40), al indicar acertadamente que «la lexicografía sirvió como mecanismo instrumental que contribuyó al análisis de algunos de los fenómenos más sobresalientes de la fraseología».

del análisis y tratamiento metodológico en la elaboración de todo tipo de obras y repertorios lexicográficos (diccionarios, léxicos, vocabularios, glosarios, etc.). Respecto a esta disciplina genérica, eminentemente práctica, tanto la fraseografía como la terminografía se comportan como dos materias específicas, aunque independientes de la lexicografía: la primera, como práctica fraseográfica, se ocupa del tratamiento lexicográfico de la fraseología, esto es, únicamente de la descripción metodológica de los materiales fraseológicos para el análisis lexicográfico de los distintos tipos de unidades fraseológicas, mientras que la terminografía se dedica, por su parte, al establecimiento de los criterios metodológicos y prácticos en el tratamiento de los lenguajes especializados, es decir, solo de la documentación terminológica o datos consignados en los ficheros terminológicos como soporte o materiales de apoyo para la elaboración de léxicos y glosarios especializados.

Por tales razones, si aún no está claro el estatus de la fraseología como disciplina, mucho menos lo está la denominada fraseografía teórica o teoría fraseográfica en tanto campo de conocimiento que se ocupa de los principios y métodos teóricos de las unidades fraseológicas, como suele también hacerse, desde nuestro punto de vista de forma igualmente inadecuada, con la lexicografía en cuanto teoría lexicográfica, lexicografía teórica o metalexicografía. Y es que no se puede hacer fraseografía sin fraseología como lexicografía sin semántica y lexicología, lo que explica, a todas luces, el círculo vicioso existente entre fraseología, lexicografía y fraseografía para la resolución de problemas, ya que debemos dejar constancia de que muchos de los aspectos tratados son escollos teóricos de la semántica, la lexicología o la interfaz léxico-sintaxis, en tanto contenido actual de la semántica léxica, por lo que resulta del todo imprescindible abordar el estudio de estas tres disciplinas (fraseología, lexicografía y fraseografía) en estrecha relación con la semántica, en general, y la moderna semántica léxica, en particular.

En esta discusión acerca del estatus de la fraseología/fraseografía y su lugar entre las disciplinas lingüísticas, hemos de advertir que estamos ante una de las parcelas más recientes de la lingüística, de carácter autónomo, pero no independiente, y de naturaleza interdisciplinar, que se inscribe en el marco de los nuevos desarrollos de la semántica en los últimos años. Desde este punto de vista, no se trata de una disciplina que se integre exclusivamente dentro de la lexicología como tradicionalmente se estudiaba, ni una rama de esta, al menos en el sentido clásico de lexicología, sino que se inserta en el más amplio dominio de la semántica léxica actual, relacionada con la morfología, formación de palabras y sintaxis entre las disciplinas internas, pero abarcadora también de otras perspectivas comunicativas del lenguaje como la variación lingüística, la terminología o la neología.

En consecuencia, hemos de situar a la fraseología como disciplina con autonomía propia, aunque con carácter interdisciplinar, en el marco de los nuevos horizontes y perspectivas de una actual semántica léxica, plenamente diferenciada de la lexicología tradicional[254], en la que, junto a las viejas cuestiones lexicológicas tratadas históricamente en el estudio del léxico, nos topamos con otros aspectos más recientes derivados de la formación de palabras desde el punto de vista del contenido, la variación lingüística, la terminología, la relación entre el léxico y la sintaxis, la neología y la fraseología, en tanto la fraseografía y la metafraseografía se vinculan, desde el punto de vista metodológico y práctico, con la terminografía y la metaterminografía y, de manera subordinada, con las técnicas metalexicográficas y la praxis lexicográfica:

LINGÜÍSTICA TEÓRICA	(componente teórico)	SEMÁNTICA LÉXICA	Lexicología tradicional
			Formación de palabras
			Interfaz léxico-sintaxis
			Variación lingüística
			Terminología
			Neología
			Fraseología
LINGÜÍSTICA APLICADA	(componente técnico-metodológico)	METALEXICOGRAFÍA	Metaterminografía
			Metafraseografía
	(componente práctico)	LEXICOGRAFÍA	Terminografía
			Fraseografía

12.3. La fraseografía como praxis

Es evidente que la fraseografía nace con el desarrollo constitutivo de la fraseología como disciplina, con lo que estamos ante dos facetas que comparten, aunque desde diferentes perspectivas, el análisis de las unidades fraseológicas como objeto de estudio, tal como ha puesto de manifiesto en diferentes trabajos Tristá Pérez (1998a, 1998b y 1998c). Así pues, la investigación fraseográfica debe partir en todo momento del componente fraseológico, ya que una cosa son las cuestiones teóricas de la fraseología y otra muy distinta las limitaciones prácticas de la

---

254. Un panorama general de estas nuevas perspectivas como actuales contenidos de la moderna semántica léxica puede verse en Casas Gómez (2006a: 13-40 y 2020a) y Casas Gómez / Hummel (2017).

fraseografía, como bien ha puntualizado Corpas Pastor en relación con los límites de estas dos disciplinas[255].

Sin duda, la fraseografía ha precedido, sin embargo, a la fraseología, de la misma manera que la lexicografía a la semántica y a la lexicología, desde el momento en que se partió inductivamente de la praxis para llegar a la teoría. Así, no son pocos los problemas teóricos de la fraseología que repercuten negativamente en el desarrollo de la fraseografía, que, en nuestra opinión, es pura praxis como la lexicografía, existiendo, en efecto, un desfase entre la práctica fraseográfica y el estudio fraseológico, lo cual es normal en otras disciplinas lingüísticas, sobre todo entre la praxis lexicográfica y la teoría semántica. Sin duda, la verificación en el dominio fraseológico de este desajuste entre la praxis y la teoría[256] constituye una cuestión central que ha existido desde siempre en el ámbito de las disciplinas semánticas, sobre todo tradicionalmente entre semántica, lexicología y lexicografía, y, en general, en el estado de los estudios semánticos, «en los que observamos situaciones que resultan paradójicas, así como una falta de comprobaciones prácticas que confirmen el adecuado tratamiento teórico de los distintos aspectos» (Casas Gómez 1999a: 141). La necesidad imperiosa de subsanar este incomprensible problema ha sido denunciada por numerosos autores[257] y, en el marco de la lexicografía, esta especie de «divorcio» entre lo teórico y lo práctico, por ejemplo, la «solo» *teórica* interrelación que siempre preside las investigaciones semánticas y

---

255. En uno de los debates del *I Coloquio Galego de Fraseoloxía,* esta autora afirma que no debe confundirse la fraseología con la fraseografía: «Iso é moi importante, porque as limitacións prácticas que ten a fraseografía non teñen por qué afectar á investigación fraseolóxica. A investigación fraseolóxica propón os seus principios, fai os seus estudos e ten as súas conclusións. Outra cousa é a fraseografía, é dicir, o diccionario fraseolóxico e a inclusión da fraseoloxía nos diccionarios, qué se vai facer con iso» (Conca i Martínez *et al.,* 1998: 170).

256. Como bien apunta Olímpio de Oliveira Silva (2007: 25-26): «Si la lexicografía, por su carácter eminentemente práctico, ha quedado, en cierto sentido, al margen de los progresos que la lingüística ha alcanzado (…), la fraseografía, en lo que se refiere al tratamiento de los elementos fraseológicos en los diccionarios, ha tenido una suerte doblemente aciaga. Por un lado (…), ha sufrido las consecuencias del conocido retraso en el desarrollo de la fraseología (…). Por otra parte, muchos de los avances que ya se han logrado en el campo fraseológico no se han incorporado a la fraseografía (…). Esta falta de ajuste entre la fraseografía y la fraseología debe de ser entendida de dos formas. La primera es la que se acaba de señalar: el hecho de que las contribuciones que se han hecho desde la fraseología se hayan integrado muy poco en la práctica lexicográfica (…). La segunda se refiere al hecho de que, desde un punto de vista histórico, la fraseografía ha precedido a la fraseología. Es decir, los trabajos prácticos fraseográficos han precedido a los trabajos teóricos en fraseología», al igual que ha sucedido con la praxis terminográfica respecto de la teoría terminológica y mucho antes ocurrió con la lexicografía respecto de la semántica y lexicología teóricas.

257. Uno de los semantistas que más ha llamado la atención sobre esta carencia ha sido Rodríguez Adrados (1971b: 335 y 1974b, I: esp. 522).

lexicográficas ha supuesto, desde hace tiempo, una evidencia ya tratada por ciertos lexicógrafos (cf. Fernández Sevilla 1978: 89-90 y el cap. 10 de este volumen).

Esta consideración eminentemente práctica de la fraseografía ha sido puesta de manifiesto por algunos autores en sus respectivas definiciones o caracterizaciones en distintas lenguas. Así, fuentes como Martínez de Sousa (1995: 201), para el español, o Hartmann y James (1998), para el inglés, la definen en un sentido práctico: el primero, junto a las entradas *fraseográfico* («de la fraseografía o relacionado con ella») y *fraseógrafo* («persona experta en fraseografía»), incluye el término *fraseografía* en su *Diccionario de lexicografía práctica* como «tratado en que se recogen y estudian las frases, locuciones, modismos, refranes, etc., de una lengua»[258] y el segundo la concibe, de manera más adecuada, en su diccionario de lexicografía bajo la etiqueta *phraseological lexicography* como «a complex of activities concerned with the design, compilation, use and evaluation of phraseological dictionaries», es decir, como parte de la lexicografía, al igual que existe una lexicografía terminológica[259], ambas conceptualmente como hipónimos de lexicografía. Pero es que incluso una de las dos introductoras de este término en la lingüística española, como denominación surgida a principios de la década de los ochenta del siglo pasado en la lingüística soviética para «designar la rama de la lexicografía que se ocupa de la elaboración de los principios teóricos y prácticos que determinan la producción de diccionarios fraseológicos» (Olímpio de Oliveira Silva 2007: 21), la lingüista cubana Tristá Pérez (1998a: 169), aporta una definición bastante acertada de *fraseografía* al hablar de la fraseología como ciencia y de la fraseografía como la puesta en práctica de sus postulados científicos: «esta rama de la lexicografía [la fraseografía] no surgió espontánea o casualmente, sino solo después de largos años de desarrollo intenso y consecuente de la fraseología como ciencia, de la puesta en práctica de sus postulados científicos, y de un minucioso análisis y clasificación del material fraseológico registrado en los diccionarios generales».

12.4. La fraseografía como teoría

No obstante, la otra lingüista cubana promotora de este término en el mundo hispánico, Carneado Moré (1985: 40), afirma, por el contrario, que «la fraseografía se ocupa de la elaboración de los métodos *teóricos* y prácticos y de los *principios* para confeccionar diccionarios fraseológicos, así como de analizar y clasificar el caudal

---

258. Coincidimos con Olímpio de Oliveira Silva (2007: 22) cuando afirma que esta definición, «si bien hace justicia a su etimología, no se corresponde (…) con la concepción que el término tiene normalmente en los estudios fraseológicos».

259. Véase el título mismo de la famosa obra clásica de Wüster (1979/1998) sobre la terminología.

fraseológico en los diccionarios» (la cursiva es nuestra). En esta misma línea, se posiciona González Aguiar (2002-2003: 29; la cursiva es nuestra), al limitar únicamente el objetivo fraseográfico a los problemas *teóricos* y prácticos concernientes a la confección de obras fraseológicas.

Y precisamente de estas caracterizaciones, parte Olímpio de Oliveira Silva (2007: 22) para proponer una definición propia de *fraseografía* como «disciplina lingüística que se ocupa, por una parte, de los *principios teóricos* y prácticos que rigen la inclusión de la fraseología en compilaciones léxicas (diccionarios, léxicos, vocabularios, glosarios, concordancias, etc.), tanto restringidas como generales y, por otra, del estudio crítico y descriptivo de estas compilaciones, en lo que al tratamiento de la fraseología se refiere, lo que significa decir que el ámbito de interés de la fraseografía comprende desde la presentación tipográfica seguida en la obra hasta la adecuación a los usuarios» (2007: 27; la cursiva es nuestra)[260].

Es esta, sin lugar a dudas, la definición más completa dada hasta ahora de *fraseografía* y, por supuesto, más abarcadora que la de su predecesora cubana, pues amplía el cometido de esta disciplina a todo tipo de compilaciones léxicas, por lo que incrementa su tratamiento no solo a los diccionarios fraseológicos sino también a cualquier modalidad de repertorio lexicográfico. Con esta formulación, si bien advierte que «es legítimo pensar que la lexicografía engloba la fraseografía», llega a afirmar, incluso, que «la fraseografía se encuentra en el *mismo plano* que la lexicografía, aunque posee un carácter más específico: la primera se ocupa de una parte del léxico en concreto, las combinaciones fijas de palabras, mientras que la segunda tiene un objetivo mucho más general» (Olímpio de Oliveira Silva 2007: 27; la cursiva es nuestra), por lo que reivindica un estatus independiente para las tareas fraseográficas. De ahí que, basándose en lingüistas lexicógrafos defensores de la metalexicografía o lexicografía como disciplinas teóricas[261], le atribuye igualmente a la fraseografía tanto una vertiente teórica, con objetivos integradores, complementarios e interrelacionados como la historia de la fraseografía, la crítica fraseográfica, la investigación fraseográfica y la teoría fraseográfica[262], como práctica, con propósitos como la actividad de elaboración de los diccionarios fraseológicos y el establecimiento de las técnicas

---

260. Esta misma definición de *fraseografía*, algo más simplificada, la incluye en portugués, en un trabajo posterior en colaboración con otros autores (cf. Pinto, L. F. Rodrigues, L. S. Rodrigues y Olímpio de Oliveira Silva 2009: 127, n. 5): «disciplina lingüística que se ocupa dos princípios teóricos e práticos que regem a inclusão da fraseologia em obras lexicográficas, assim como do estudo crítico e descritivo destas obras, no que diz respeito ao tratamento da fraseologia».

261. Cf. Wiegand (1984: 15), Hernández Hernández (1989: 8, 10-11 y 1994: 109), Hartmann (2001: 3-9), Porto Dapena (2002: 23) y Azorín Fernández (2003: 33-52).

262. Estos cuatro objetivos se encuentran en las obras de los autores citados en la nota anterior como constitutivos de las vertientes básicas de la metalexicografía o propósitos teóricos fundamentales de la lexicografía.

metodológicas en la confección de los mismos. En suma, propone una fraseografía teórica o metafraseografía del mismo modo que algunos autores conciben teóricamente una metalexicografía respecto de la lexicografía.

Tres objeciones, alguna de las cuales retomaremos en las conclusiones, pueden realizarse a este planteamiento:

1) *Lexicografía* y *fraseografía* no están en el mismo plano, dado que no se encuentran en idéntico nivel de ordenación jerárquica, ya que entre las dos materias (la primera genérica y la segunda específica) se establece una relación terminológico-conceptual de hiperonimia-hiponimia, por lo que, de entrada, la fraseografía es, inicialmente, una subdisciplina de la lexicografía.

2) La pura praxis lexicográfica o fraseográfica (la confección de un diccionario del tipo que sea: general o fraseológico), esto es, el diccionario como producto o resultado debe diferenciarse, en los objetivos de la vertiente práctica, del componente técnico– metodológico para la elaboración de los mismos, ya que no solo sirve de soporte de apoyo sino de filtro entre los aspectos teóricos (procedentes de otras disciplinas) y la elaboración práctica. La diversa naturaleza de estos dos aspectos insertos en el ámbito práctico de la fraseografía, en el sentido de un posible acercamiento del componente técnico-metodológico al plano teórico, ha sido parcialmente vislumbrada por esta autora cuando afirma que «este último objetivo acerca la parte práctica a la teórica, por lo que se puede pensar que no hay una separación tajante entre las dos partes en cuestión: las normas que se siguen en la confección de un diccionario son la aplicación de una teoría fraseográfica y esta, a su vez, se nutre de los principios desarrollados en la práctica. En definitiva, la fraseografía práctica supone la teórica y a la inversa» (Olímpio de Oliveira Silva 2007: 28). No obstante, la no existencia de una nítida separación entre lo teórico y lo técnico-metodológico o bien entre lo teórico y lo práctico no justifica, en absoluto, la insistencia en una contraposición entre fraseografía teórica y fraseografía práctica ni, mucho menos, que exista una teoría fraseográfica. El correlato teórico de la metafraseografía y la fraseografía, como disciplinas encargadas del estudio y análisis de los componentes metodológico y práctico de las unidades fraseológicas, lo constituye la fraseología, en particular, y la semántica léxica (desde la amplia concepción aquí abordada), en general. Por otra parte, no existe la relación recíproca apuntada al final de la cita del texto respecto a la supuesta afirmación de que lo práctico implica lo teórico y viceversa, pues esta es siempre de carácter unidireccional (de lo práctico a lo teórico, pero no en sentido inverso), pues un fraseógrafo o metafraseógrafo debe reunir los suficientes conocimientos fraseológicos y

semánticos para afrontar con garantías la elaboración de diccionarios fraseológicos, al igual que un lexicógrafo debe poseer una buena formación lingüística y conocer los principios semánticos para afrontar la práctica lexicográfica, pero, sin embargo, puede ocurrir que un fraseólogo desconozca los métodos fraseográficos y la praxis fraseográfica, al igual que un semantista teórico puede no estar familiarizado con el conocimiento técnico-metodológico de la metalexicografía y, por tanto, no habituado con la labor lexicográfica. En otras palabras, la lexicografía y la fraseografía implican un saber teórico y un saber-hacer técnico-metodológico, pero no al revés, en lo que atañe a la semántica, lexicología y fraseología respecto de sus quehaceres técnicos y prácticos. Precisamente en ello radica la distinción, ya formulada por nosotros, entre *lexicografía* como actividad práctica y *metalexicografía*, en general, y *metafraseografía*, en particular, como conocimiento del metalenguaje y de las técnicas y métodos de análisis necesarios para el desarrollo del trabajo lexicográfico y raseográfico, respectivamente.

3) Desde nuestro punto de vista, resulta inexistente la supuesta vertiente teórica tanto de la lexicografía como de la fraseografía. Como ya hemos explicado en otro trabajo inserto también en este volumen (Casas Gómez 2007a: 935-944), tales presupuestos teóricos hay que buscarlos en otras disciplinas lingüísticas, fundamentalmente en la semántica, la lexicología, la morfología o la sintaxis. De ahí que no sea adecuado referirse a la denominada teoría lexicográfica, lexicografía teórica o, más recientemente, metalexicografía, por lo que mucho menos podemos hablar de teoría fraseográfica, fraseografía teórica o metafraseografía.

12.5. Conclusiones: la caracterización de la fraseografía como disciplina aplicada

De las consideraciones realizadas hasta el momento, en lo único en que manifestamos nuestro desacuerdo, en clara referencia a lo expuesto fundamentalmente en el apartado anterior, es en el hecho de que la fraseografía se ocupe de principios teóricos (de los que se encarga la fraseología), y no solo de los aspectos metalexicográficos (en el sentido de planteamientos metodológicos) y prácticos. Desde esta visión de los hechos, opinamos que no hay vertiente teórica en la fraseografía, como tampoco existe en su hiperónimo conceptual, la lexicografía, y que el aspecto historiográfico lo posee cualquier disciplina sin tener que ser teórica. En esta línea, no podemos hablar de fraseografía teórica, ni de metafraseografía como un componente teórico (aunque sí metodológico y práctico), porque, desde nuestra concepción, la metalexicografía tampoco es teórica, al igual que la lexicografía, pese a que muchos autores pretendan su establecimiento como disciplinas teóricas y científicas.

Tal postura la defendimos, en relación con la lexicografía, la metalexicografía y la terminografía, en la conferencia plenaria que impartimos en el «VI Congreso Internacional de Lingüística General» (2004) celebrado en Santiago de Compostela (cf. Casas Gómez 2007a: 935-949 y el cap. 10 de este volumen) sobre el estatus lingüístico de las disciplinas aplicadas de la semántica, y que consiste básicamente en la idea de que, si no existe genéricamente una teoría lexicográfica, lexicografía teórica o el supuesto componente teórico de la metalexicografía, tampoco puede existir específicamente una teoría fraseográfica o fraseografía teórica. Se trata en todos estos casos de materias aplicadas, de un «quehacer» metodológico-práctico, como reza en algunos títulos bibliográficos de lexicografía (cf. Pérez Lagos 1998, que habla de «quehacer lexicográfico»). De ahí que la fraseografía no sea una disciplina teórica, porque ni tan siquiera lo es la lexicografía y aquélla, al igual que la terminografía, es una subdisciplina lexicográfica.

Desde este planteamiento, puede definirse la *fraseografía* como la rama de la lexicografía que se ocupa de los aspectos metodológicos y problemas prácticos surgidos en el tratamiento de los datos relacionados con las unidades fraseológicas (de cuyos fenómenos y preceptos teóricos se ocupa la *fraseología*) tanto en la elaboración de diccionarios fraseológicos como en todo tipo de repertorios lexicográficos.

Por todo ello, si partimos de la distinción epistemológica entre una semántica teórica y una semántica aplicada, se advierte que, frente a las bases conceptuales tratadas teóricamente por disciplinas como la semántica en sus distintos niveles de análisis (semántica morfológica, semántica léxica / lexicología, semántica suboracional, semántica oracional y semántica textual) y otras disciplinas semánticas insertas en las nuevas perspectivas y contenidos de la actual semántica léxica, como la formación de palabras, la terminología[263], la neología o la fraseología, en el campo de la semántica de corte aplicado se inscriben otras disciplinas que, en el dominio de la lingüística aplicada, se dedican a cuestiones semánticas tanto metodológicas como, sobre todo, prácticas. Así, en este marco de las aplicabilidades de la semántica, se sitúan la lexicografía, la metalexicografía, la terminografía y, por ende, la fraseografía, la cual hemos intentado en este trabajo situarla en el panorama lingüístico a través de una caracterización definitoria en el ámbito de las aplicaciones del lenguaje y fijación de su estatus junto a la fraseología.

---

263. En la actualidad, hemos de distinguir, por ejemplo, entre una *semántica terminológica*, como visión de estudio del significado desde fuera de la lingüística (desarrollada fundamentalmente en el dominio de la ingeniería), que nace en el ámbito de la semántica analítica dentro de la etapa «tradicional» de la semántica (cf. Casas Gómez 2009a: 142-145), y la terminología, en tanto disciplina teórica en el marco de la semántica léxica actual.

Referencias bibliográficas

Abraham, Werner (1981): *Diccionario de terminología lingüística actual*. Madrid: Gredos.

Akamatsu, Tsutomu (1992): «Hyponymy, neutralization and syncretism», *Actes XVIIe Colloque International de Linguistique Fonctionnelle (León, 5-10 juillet 1990).* León: Universidad de León, 89-91.

Alarcos Llorach, Emilio (1957): «Sobre la neutralización en morfología», *Archivum*, 7, 13-23.

Alarcos Llorach, Emilio (1968, 4.ª ed.): *Fonología española*. Madrid: Gredos.

Alcaraz Varó, Enrique y M.ª Antonia Martínez Linares (1997): *Diccionario de lingüística moderna*. Barcelona: Ariel.

Allan, Keith y Kate Burridge (1991): *Euphemism and Dysphemism. Language Used as Shield and Weapon*. New York / Oxford: Oxford University Press.

Alston, William Payne (1964): *Philosophy of language*. Englewood Cliffs: NJ., Prentice-Hall.

Alvar Ezquerra, Manuel (2001): *Colectánea lexicográfica*. Madrid: Agencia Española de Cooperación Internacional.

Álvarez Torres, Vanesa (2016a): «Words, Culture and Reality: Real Variation», *Quaderni di Semantica. Rivista internazionale di semantica teorica e applicata. An International Journal of Theoretical and Applied Semantics*, Nuova Serie, XXXVII, 2, 23-35.

Álvarez Torres, Vanesa (2016b): «Análisis lexicográfico de algunos casos de variantes reales y variantes diatópicas», en Ángela Benito Ruiz, Pedro Pablo Espino Rodríguez y Bruno Revenga Saiz (eds.), *Nuevas investigaciones lingüísticas: XXX Congreso Internacional de la Asociación de Jóvenes Lingüistas*. Santander: Universidad de Cantabria, 285-297.

Álvarez Torres, Vanesa (2021): *Léxico y cultura: la variación real en el lenguaje,* Tesis doctoral inédita. Cádiz: Universidad de Cádiz.

Álvarez Torres, Vanesa (2024): «Implicaciones lingüísticas de las asimetrías entre lengua/s y realidad/es», *Pragmalingüística*, 32, 45-70.

Antal, László (1972): *Aspekte der Semantik. Zu ihrer Theorie und Geschichte 1662-1970*. Frankfurt am Main: Athenäum Verlag.

Aparecida Marques, Elizabete (2007): *Análisis cognitivo-contrastivo de locuciones somáticas del español y del portugués*, Tesis doctoral, Universidad de Alcalá.

Auger, Pierre y Louis-Jean Rousseau (1977): *Méthodologie de la recherche terminologique*, Québec: Régie de la langue française. Traducción de Juan M.ª Bermúdez y Gloria Guerrero Ramos: *Metodología de la investigación terminológica*. Málaga: Universidad de Málaga, 2002.

Azorín Fernández, Dolores (2003): «La lexicografía como disciplina lingüística», en Antonia M.ª Medina Guerra (coord.), *Lexicografía española*. Barcelona: Ariel, 31-52.

Báez San José, Valerio (1977): «Descripción lingüística y semántica en la gramática generativa y en el estructuralismo funcionalista europeo. (La Escuela de Praga)», en Ángel Raimundo Fernández González, Salvador Hervás y Valerio Báez San José, *Introducción a la semántica*. Madrid: Cátedra, 179-252.

Báez San José, Valerio (1984): «Funciones oracionales y esquemas sintáctico-semánticos», *Miscel.lània Sanchis Guarner. Estudis en memoria del professor Manuel Sanchis Guarner: Estudis de llengua i literatura catalanes*, vol. 2. València: Abadía de Montserrat, 23-38.

Báez San José, Valerio (1987): «Oración y esquema oracional», *Lingüística Española Actual*, 9, 65-81.

Báez San José, Valerio (1996): «Las formas en –*mente* en una teoría fenomenológica integrada del acto de hablar, la expresión y el esquema oracional», en Gerd Wotjak (ed.), *En torno al adverbio español y los circunstantes*. Tübingen: Narr, 1-40.

Báez San José, Valerio (1997): «Niveles desde una lingüística del hablar a una lingüística de las lenguas», en José Andrés de Molina Redondo y Juan de Dios Luque Durán (eds.), *Estudios de Lingüística General (I). Conferencias presentadas en el II Congreso Nacional de Lingüística General (Granada, 25 al 27 de marzo de 1996)*. Granada: Granada Lingvistica y Método Ediciones, 1-22.

Báez San José, Valerio (2002): *Desde el Hablar a la Lengua. Prolegómenos a una teoría de la sintaxis y la semántica textual y oracional*. Málaga: Ágora.

Báez San José, Valerio y Matilde Moreno Martínez (1985): «Funciones semánticas oracionales», *Lingüística Española Actual*, 7,1, 55-86.

Báez San José, Valerio y Inmaculada Penadés Martínez (1990): «Diccionario informatizado de construcciones oracionales y el proyecto 'esquemas sintáctico-semánticos del español'», *Lingüística Española Actual*, 12, 103-136.

Bajo Pérez, Elena (2000): *Los diccionarios. Introducción a la lexicografía del español*. Gijón: Trea.

Baldinger, Kurt (1956): «Die Semasiologie. Versuch eines Überblicks», *Forschungen und Fortschritte*, 30,5, 148-155 y 30,6, 173-179.

Baldinger, Kurt (1957): *Die Semasiologie. Versuch eines Überblicks*. Berlin: Akademie–Verlag.

Baldinger, Kurt (1964a): *La semasiología. Ensayo de un cuadro de conjunto*. Rosario: Universidad Nacional del Litoral.

Baldinger, Kurt (1964b): «Semasiologie et onomasiologie», *Revue de Linguistique Romane*, 28, 249-272.

Baldinger, Kurt (1968): «La Synonymie, problèmes sémantiques et stylistiques», en W. Theodor Elwert (ed.), *Probleme der Semantik*. Wiesbaden: Steiner, 41-61.

Baldinger, Kurt (1975), «Français, français régional, dialecte et le français québécois (esquisse systématique sommaire)», *Travaux de Linguistique Québécoise*, 1, 13-17.

Baldinger, Kurt (1977, 2.ª ed.): *Teoría semántica. Hacia una semántica moderna*. Madrid: Alcalá.

Balibar-Mrabti, Antoinette (comp.) (1997): *Langages, 128: La synonymie*. Paris: Larousse.

Bally, Charles (1940): «L'arbitraire du signe. Valeur et signification», *Le français moderne*, 8,3, 193-206.

Bally, Charles (1951, 3.ª ed.): *Traité de Stylistique française*, 2 vols. Paris, Genève: Georg et Cie S. A., Klincksieck.

Bally, Charles (1965, 4.ª ed.): *Linguistique générale et linguistique française*. Berne: Éditions A. Francke.

Barthes, Roland (1971): *Elementos de semiología*. Madrid: Alberto Corazón, Comunicación, Serie B.

Battaner Moro, Elena (2002): *John R. Firth y la escuela de Londres: principios teóricos del funcionalismo británico*, Tesis doctoral. Universidad de Salamanca.

Battaner Moro, Elena (2014): *Las ideas lingüísticas de John R. Firth*. Münster: Nodus Publikationen.

Benot, Eduardo (1889): *Arquitectura de las lenguas*. Madrid: Núñez Samper.

Bernárdez, Enrique (1982): *Introducción a la lingüística del texto*. Madrid: Espasa-Calpe.

Bernárdez, Enrique (1995): *Teoría y epistemología del texto*. Madrid: Cátedra.

Berruto, Gaetano (1976): *La semántica*. Bologna: Zanichelli.

Blank, Andreas (1997): *Prinzipien des lexikalischen Bedeutungswandels am Beispiel der romanischen Sprachen*. Tübingen: Niemeyer.

Bloomfield, Leonard (1933): *Language*. New York: Henry Holt and Company, Inc.

Borrego Nieto, Julio (2001): «La marcación diafásica en los diccionarios», en José Antonio Bartol Hernández, Salvador Crespo Matellán, Carmen Fernández Juncal, Carmen Pensado Ruiz, Emilio Prieto de los Mozos y Nieves Sánchez González de Herrero (eds.), *Nuevas aportaciones al estudio de la lengua española. Investigaciones filológicas*. Salamanca: Luso-Española de Ediciones, 237-245.

Bosque, Ignacio (1982): «Sobre la teoría de la definición lexicográfica», *Verba*, 9, 105-123.

Brademann, Karl (1982): «Prostituée und vestale. Strukturen im Bereich von Euphemismus und Dysphemismus», *Romanistisches Jahrbuch*, 33, 52-66.

Bréal, Michel (1883): «Les lois intellectuelles du langage. Fragment de sémantique», *Annuaire de l'Association pour l'encouragement des études grecques en France*. Paris: Maisonneuve et Cie, Libraires-Éditeurs, 132-142.

Bréal, Michel (1897 [1924, 7.ª ed.]): *Essai de sémantique. Science des significations*. Paris: Librairie Hachette.

Brekle, Herbert Ernst (1974): *Sémantique*. Paris: Librairie Armand Colín.

Bühler, Karl (1934): *Sprachtheorie. Die Darstellungsfunktion der Sprache*. Stuttgart: Fischer.

Cabré, M.ª Teresa (1993): *La terminología. Teoría, metodología, aplicaciones*. Barcelona: Antártida-Empúries.

Cabré, M.ª Teresa (1999): *La terminología: representación y comunicación. Elementos para una teoría de base comunicativa y otros artículos*. Barcelona: Institut Universitari de Lingüística Aplicada, Universität Pompen Fabra.

Carbonero Cano, Pedro (1983): «La correferencia en el lenguaje periodístico», *Revista Española de Lingüística*, 13,1, 27-39.

Cardona, Giorgio Raimondo (1991): *Diccionario de lingüística*. Barcelona: Ariel.

Carnap, Rudolf (1947): *Meaning and Necessity. A Study in Semantics and Modal Logic*. Chicago: University of Chicago Press.

Carnap, Rudolf (1966): «Signification et synonymie dans les langues naturelles», *Langages*, 2, 108-136.

Carneado Moré, Zoila Victoria (1985): «Consideraciones sobre la fraseografía», en Zoila Victoria Carneado Moré y Antonia M.ª Tristá Pérez, *Estudios de fraseología*. La Habana: Editorial de Ciencias Sociales, 39-46.

Carrasco Santana, Antonio (2002): *Lo malsonante y el humorismo como recursos corteses en la conversación: estudio pragmalingüístico*, Tesis doctoral, Valladolid: Universidad de Valladolid.

Casado Velarde, Manuel (2021): *Curso de semántica léxica del español*. Pamplona: EUNSA.

Casares, Julio (1950): *Introducción a la lexicografía moderna*. Madrid: C.S.I.C.

Casares, Julio (1959, 2.ª ed.): *Diccionario ideológico de la lengua española. Desde la idea a la palabra; desde la palabra a la idea*. Barcelona: Gustavo Gili.

Casas Gómez, Miguel (1986a): *La interdicción lingüística. Mecanismos del eufemismo y disfemismo*. Cádiz: Universidad de Cádiz.

Casas Gómez, Miguel (1986b): «L'euphémisme et la théorie du champ morpho-sémantique», *Cahiers de Lexicologie*, 49,2, 35-51.

Casas Gómez, Miguel (1986c): «Notas sobre la clasificación lingüística del eufemismo y disfemismo», en Francisco Fernández (ed.), *Pasado, presente y futuro de la lingüística aplicada en España. Actas del III Congreso Nacional de Lingüística Aplicada* (Valencia, 16-20 de abril de 1985). Valencia: A.E.S.L.A., Universidad de Valencia, 599-622.

Casas Gómez, Miguel (1989): «Algunos problemas del eufemismo/disfemismo en la praxis lexicográfica española», *Actes du XVIIIe Congrès International de Linguistique et de Philologie Romanes* (Trier, 1986), 4. Tübingen, Niemeyer, 220-241.

Casas Gómez, Miguel (1990): «Aspectos lingüísticos acerca de una pareja léxica verbal», en Gerd Wotjak y Alexandre Veiga (coords.), *La descripción del verbo español*. Santiago de Compostela: Universidad de Santiago de Compostela, 97-105.

Casas Gómez, Miguel (1991): «Panorama actual de la semántica en la filología latina española contemporánea», *Excerpta Philologica Antonio Holgado Redondo sacra*, I, I. Cádiz: Universidad de Cádiz, 113-153.

Casas Gómez, Miguel (1993a): «A propósito del concepto lingüístico de "eufemismo" como sincretismo léxico: su relación con la sinonimia y la homonimia», *Iberoromania*, 37, 70-90.

Casas Gómez, Miguel (1993b): «Consideraciones sobre la variación diafásica», *Pragmalingüística*, 1, 99-123.

Casas Gómez, Miguel (1994): «Relaciones y principios lexemáticos en el ámbito de las terminologías», *Pragmalingüística*, 2, 79-122.

Casas Gómez, Miguel (1994-95): «Hacia una caracterización semántica de la terminología lingüística», *Estudios de Lingüística*, 10, 45-65.

Casas Gómez, Miguel (1995a): «En torno a algunos problemas semánticos de la terminología», *Acta Universitatis Carolinae – Philologica 2. Translatologica Pragensia*, 6, 85-95.

Casas Gómez, Miguel (1995b): «Implicaciones léxicas de los niveles del significar», en Ulrich Hoinkes (ed.), *Panorama der Lexikalischen Semantik. Thematische Festschrift aus Anlass des 60. Geburtstags von Horst Geckeler*. Tübingen: Narr, 101-112.

Casas Gómez, Miguel (1995c): «Sinonimia y eufemismo», *Quaderni di Semantica*, 16,1, 17-46.

Casas Gómez, Miguel (1996): «El poder mágico de la palabra», *Trivium. Anuario de Estudios Humanísticos, 8. In memoriam Prof. José Luis Millán Chivite*, 29-52.

Casas Gómez, Miguel (1997a): «Variación semántica de las relaciones sinonímicas», en Ulrich Hoinkes y Wolf Dietrich (eds.), *Kaleidoskop der Lexikalischen Semantik*. Tübingen: Narr, 217-225.

Casas Gómez, Miguel (1997b): «Diaphasische Variation und Fachsprache», *Zeitschrift für romanische Philologie*, 113, 2, 173-189.

Casas Gómez, Miguel (1997c): «Neutralización y sinonimia: la caracterización funcional de los sinónimos como elementos léxicos en oposición neutralizable», en Enrique Serra Alegre, Beatriz Gallardo Paúls, Montserrat Veyrat Rigat, Daniel Jorques Jiménez y Amparo Alcina Caudet (eds.), *Panorama de la Investigació Lingüística a l'Estat Espanyol. Actes del I Congrés de Lingüística General (València, 15, 16 i 17 de febrer de 1994), vol. III: Fonètica i Fonologia. Semàntica i Pragmàtica*. València: Universitat de València, 99-106.

Casas Gómez, Miguel (1997d): «Para una delimitación funcional de los conceptos 'neutralización' y 'sincretismo'», en José Andrés de Molina Redondo y Juan de Dios Luque Durán (eds.), *Estudios de Lingüística General (III). Trabajos presentados en el II Congreso Nacional de Lingüística General (Granada, 25 al 27 de marzo de 1996)*. Granada: Granada Lingvistica, Método Ediciones, 37-50.

Casas Gómez, Miguel (1998a): «Notas de lexicología contrastiva a propósito de una 'ley' semántica», en Antonio Javier Martín Castellanos, Fernando Velázquez Basanta y Joaquín Bustamante Costa (eds.), *Estudios de la UCA ofrecidos a la memoria del profesor Braulio Justel Calabozo*. Cádiz: Universidad de Cádiz, 299-308.

Casas Gómez, Miguel (1998b): «Del historicismo al preestructuralismo semánticos», en Feliciano Delgado León, M.ª Luisa Calero Vaquera y Francisco Osuna García (eds.), *Estudios de lingüística general. Actas del II Simposio de Historiografía Lingüística (Córdoba, 18-20 de marzo de 1997)*. Córdoba: Universidad de Córdoba, 159-184.

Casas Gómez, Miguel (1998c): «Descripción funcional de las relaciones semánticas», en Beatriz Gallardo Paúls (ed.), *Temas de Lingüística y Gramática*. València: Universitat de València, 7-22.

Casas Gómez, Miguel (1998d): «El *Diccionario de uso del español* de María Moliner», en Miguel Casas Gómez, Inmaculada Penadés Martínez (coords.) y M.ª Tadea Díaz Hormigo (ed.), *Estudios sobre el «Diccionario de uso del español» de María Moliner*. Cádiz: Universidad de Cádiz, 27-69.

Casas Gómez, Miguel (1999a): *Las relaciones léxicas,* Tübingen: Niemeyer, Beihefte zur *Zeitschrift für romanische Philologie,* Band 299. Tübingen: Niemeyer.

Casas Gómez, Miguel (1999b): «De la Semasiología a la Semántica: breve panorama historiográfico», en Mauro Fernández Rodríguez, Francisco García Gondar y Nancy Vázquez Veiga (eds.), *Actas del I Congreso Internacional de la Sociedad Española de Historiografía Lingüística (A Coruña, 18-21 de febrero de 1997)*. Madrid: Arco/Libros, 195-206.

Casas Gómez, Miguel (2000): «Líneas de investigación semántica del grupo 'Semaínein': el proyecto 'Las relaciones léxicas'», en Marcos Martínez Hernández y otros (eds.), *Cien años de investigación semántica: de Michel Bréal a la actualidad. Actas del Congreso Internacional de Semántica. Universidad de La Laguna 27-31 de octubre de 1997,* vol. II. Madrid: Ediciones Clásicas, 1277-1290.

Casas Gómez, Miguel (2001a): «Origen y desarrollo del concepto de 'clasema'», en Marina Maquieira Rodríguez, M.ª Dolores Martínez Gavilán y Milka Villayandre Llamazares (eds.), *Actas del II Congreso Internacional de la Sociedad Española de Historiografía Lingüística (León, 2-5 de marzo de 1999)*. Madrid: Arco/Libros, 277-291.

Casas Gómez, Miguel (2001b): «Del sistema al discurso en los niveles del significar», en Miguel González Pereira y Montserrat Souto Gómez (eds.), *Cuestiones conceptuales y metodológicas de la lingüística*. Santiago de Compostela: Universidad de Santiago de Compostela, 17-28.

Casas Gómez, Miguel (2002a): «A functional description of semantic relationships», *Language Design. Journal of Theoretical and Experimental Linguistics*, 4, 21-47.

Casas Gómez, Miguel (2002b): *Los niveles del significar*, Documentos de investigación lingüística, 7. Cádiz: Universidad de Cádiz.

Casas Gómez, Miguel (2003a): «Hacia una tipología de la variación», en Francisco Moreno Fernández, Francisco Gimeno Menéndez, José Antonio Samper, M.ª Luz Gutiérrez Araus, María Vaquero y César Hernández (coords.), *Lengua, Variación y Contexto. Estudios dedicados a Humberto López Morales*, vol. 2. Madrid: Arco/Libros, Universidad de Alcalá, Universidad de Alicante, Universidad de las Palmas, UNED, Universidad de Puerto Rico y Universidad de Valladolid, 559-574.

Casas Gómez, Miguel (2003b): «El documento terminológico: su estructura a propósito de la terminología lingüística», en Leonel Ruiz Miyares *et al.* (eds.), *Actas-I. VIII Simposio Internacional de Comunicación Social. Santiago de Cuba, 20-24 de enero de 2003*. Santiago de Cuba: Centro de Lingüística Aplicada, Ministerio de Ciencia, Tecnología y Medio Ambiente, 137-142.

Casas Gómez, Miguel (2004a): «Problemas lingüísticos implicados en la equivalencia semántica», en Milka Villayandre Llamazares (ed.), *Actas del V Congreso de Lingüística General (León, 5-8 de marzo de 2002)*, vol. I. Madrid: Arco/Libros, 41-69.

Casas Gómez, Miguel (2004b): «Semántica General», *E-Excellence. Proyecto de calidad en contenidos hispanos para red de COMUNICACIONES Internet*. Madrid: Liceus, Servicios de Gestión y Comunicación, S. L. (http://www.liceus.com/cgi-bin/aco/ling_geral/index.asp).

Casas Gómez, Miguel (2005): «Relaciones "significativas", relaciones semánticas y relaciones léxicas», *Lingüística Española Actual*, 27, 1, 5-31.

Casas Gómez, Miguel (2006a): «Contenidos actuales de la semántica léxica: la terminología», en Wolf Dietrich, Ulrich Hoinkes, Bàrbara Roviró y Matthias Warnecke (eds.), *Lexikalische Semantik und Korpuslinguistik. Akten der Geckelergedenktagung*. Tübinger Beiträge zur Linguistik, Band 490, Tübingen: Narr, 13-40.

Casas Gómez, Miguel (2006b): «Semántica de formas materiales y semántica de formas de contenido», en Juan de Dios Luque Durán (ed.), *Actas del V Congreso Andaluz de Lingüística General (Granada, 17 al 19 de noviembre de 2004). Homenaje al profesor José Andrés de Molina Redondo*, 2. Granada: Granada Lingvistica, 829-844.

Casas Gómez, Miguel (2006c): «Realidad, cultura y variación: las variantes reales», en Manuel Casado Velarde, Ramón González Ruiz y M.ª Victoria Romero Gualda (eds.), *Análisis del discurso: lengua, cultura, valores. Actas del I Congreso Internacional (Universidad de Navarra, Pamplona, noviembre de 2002)*, vol. I. Madrid: Arco/Libros, 289-298.

Casas Gómez, Miguel (2006d): «Modelos representativos de documentación terminográfica y su aplicación a la terminología lingüística», *Revista de Lingüística y Lenguas Aplicadas*, 1, 25-36.

Casas Gómez, Miguel (2007a): «El estatus lingüístico de las disciplinas aplicadas de la semántica», en Pablo Cano López, Isabel Fernández López, Miguel González Pereira, Gabriela

Prego Vázquez y Montserrat Souto Gómez (eds.), *Actas del VI Congreso de Lingüística General (Santiago de Compostela, 3-7 de mayo de 2004), vol. II. Las lenguas y su estructura*. Madrid: Arco/Libros, 935-952.

Casas Gómez, Miguel (2007b): «A propósito del potencial comunicativo de las unidades léxicas», Juan Cuartero Otal y Martina Emsel (eds.), *Vernetzungen: Bedeutung in Wort, Satz und Text. Festschrift für Gerd Wotjak zum 65. Geburtstag*, Band 1. Frankfurt am Main: Peter Lang, 85-96.

Casas Gómez, Miguel (2009a): «Contenidos y tendencias de la semántica "tradicional" como etapa historiográfica», en José M.ª García Martín (dir.), Teresa Bastardín Candón y Manuel Rivas Zancarrón (eds.), *Estudios de historiografía lingüística. Actas del VI Congreso Internacional de la Sociedad Española de Historiografía Lingüística en la senda de 1812: Las ideas y realidades lingüísticas en los siglos XVIII y XIX (Cádiz, del 6 al 9 de noviembre de 2007)*. Cádiz: Universidad de Cádiz, 113-150.

Casas Gómez, Miguel (2009b): «Hacia una nueva perspectiva de enfoque en la definición lingüística del eufemismo», en Catalina Fuentes Rodríguez y Esperanza Rocío Alcaide (eds.), *Manifestaciones Textuales de la Descortesía y Agresividad verbal en diversos Ámbitos Comunicativos*. Sevilla: Universidad Internacional de Andalucía, 11-29.

Casas Gómez, Miguel (2009c): «Towards a new approach to the linguistic definition of euphemism», *Language Sciences*, 31,6, 725-739.

Casas Gómez, Miguel (2011): «Problemas y criterios lingüísticos subyacentes a una tipología de relaciones en semántica», *Lorenzo Hervás. Documentos de trabajo de Lingüística teórica y general. Homenaje a Valerio Báez San José*, 20, 63-108.

Casas Gómez, Miguel (2012): «De una visión léxica y pragmático-discursiva a una dimensión cognitiva en la caracterización extralingüística y lingüística del eufemismo», en Marc Bonhomme, Mariela de la Torre y André Horak (eds.), *Études pragmatico-discursives sur l'euphémisme. Estudios pragmático-discursivos sobre el eufemismo*. Frankfurt am Main, Berlin, Bern, Bruxelles, New York, Oxford, Wien: Peter Lang, Studien zur romanischen Sprachwissenschaft und interkulturellen Kommunikation, Band 83, 53-72.

Casas Gómez, Miguel (2014): «A typology of relationships in semantics», *Quaderni di Semantica. Rivista internazionale di semantica e iconomastica. An International Journal of Semantics and Iconomastics*, 35,2, 45-73.

Casas Gómez, Miguel (2016): «Acercamientos teóricos a la variación lingüística desde la semántica léxica funcional», *Revista Internacional de Lingüística Iberoamericana* (RILI), XIV, 28, 2, 115-138.

Casas Gómez, Miguel (2018): «Lexicon, Discourse and Cognition: Terminological Delimitations in the Conceptualizations of Linguistic Taboo», en Andrea Pizarro Pedraza (ed.), *Linguistic Taboo Revisited. Novel Insights from Cognitive Perspectives*. Berlin, Mouton De Gruyter, *Cognitive Linguistics Research*, vol. 61, 13-31.

Casas Gómez, Miguel (2020a): «Perspectivas actuales en el estudio del léxico», *LynX. Panorámica de estudios lingüísticos*, 19, 5-72.

Casas Gómez, Miguel (2020b): «Conceptual relationships and their methodological representation in a dictionary of terminological uses of lexical semantics», *Fachsprache. Journal of Professional and Scientific Communication*, XLII, 1-2, 2-26.

Casas Gómez, Miguel (2021a): «La semántica y sus usos terminológicos», *Bulletin Hispanique*, 123, 2: *Investigaciones semánticas y léxicas actuales / Recherches sémantiques et lexicales actuelles*, número monográfico dirigido por Azucena Penas Ibáñez, Université Bordeaux Montaigne, Presses Universitaires de Bordeaux, 187-204.

Casas Gómez, Miguel (2021b): «La semántica de Kurt Baldinger», en Ricardo Escavy Zamora, Eulalia Hernández Sánchez y Carmen Sánchez Manzanares (eds.), *La semántica de Kurt Baldinger en la perspectiva de la lingüística actual*. Murcia: Ediciones de la Universidad de Murcia (edit.um), 59-105.

Casas Gómez, Miguel (2021c): «La traducción como proceso siempre presente en el estudio interdisciplinar del lenguaje», en Gloria Guerrero Ramos y Manuel Fernando Pérez Lagos (eds.), *Terminología, Neología y Traducción*. Granada: Comares (Interlingua, 270), 35-50.

Casas Gómez, Miguel (2022a): «La aportación de Coseriu a la historiografía de la terminología como disciplina lingüística», *Boletín de Filología*, LVII, 1, 231-258.

Casas Gómez, Miguel (2022b): «Relaciones semánticas en el léxico común y relaciones conceptuales en el léxico terminológico», en Ruth Fine, Florinda F. Goldberg y Or Hasson (eds.), *Mundos del hispanismo: una cartografía para el siglo XXI*. Madrid/Frankfurt am Main: Iberoamericana/Vervuert, 52-63.

Casas Gómez, Miguel (2022c): «Docuterm: Modelo de documentación de usos terminológicos», *Revista de Lingüística y Lenguas Aplicadas*, 17, 11-27.

Casas Gómez, Miguel (2023a): «La terminología de la semántica: redes conceptuales y usos terminográficos», en Miguel Casas Gómez y Carmen Varo Varo (coords.), *La terminología de la semántica*, Sevilla: Ediciones Universidad de Sevilla. Colección Lingüística, n.º 83, 51-75.

Casas Gómez, Miguel (2023b): «Coseriu y la actualidad en los estudios de semántica», *RILCE. Revista de Filología Hispánica*, 39,1, 185-217.

Casas Gómez, Miguel (2023c): «La expresión del tabú: conceptualizaciones y etapas en la evolución lingüística del fenómeno», *LinRed: Lingüística en la Red* (LinRed.monográfico), XX, 1-20.

Casas Gómez, Miguel y Luis Escoriza Morera (2009): «Los conceptos de diastratía y diafasía desde la teoría lingüística y la sociolingüística variacionista», en M.ª Victoria Camacho Taboada, José Javier Rodríguez Toro y Juana Santana Marrero (eds.), *Estudios de Lengua Española: Descripción, Variación y Uso. Homenaje a Humberto López Morales*. Frankfurt am Main: Iberoamericana/Vervuert, 151-178.

Casas Gómez, Miguel y Gérard Fernández Smith (2021): «El hablar y la variación de especialidad», en Óscar Loureda y Angela Schrott (eds.), *Manual de lingüística del hablar*. Berlin, Boston: Walter de Gruyter, Colección *Manuals of Romance Linguistics* (MLR), 28, 715-732.

Casas Gómez, Miguel y Martin Hummel (eds.) (2017): *Semántica léxica*, volumen monográfico de *R1LCE. Revista de Filología Hispánica*, 33, 3. Pamplona: Universidad de Navarra.

Casas Gómez, Miguel y Martin Hummel (2021): «Structural Semantics in the Romance Languages», en Mark Aronoff y Damon Zucca (eds.), *The Oxford Research Encyclopedia of Linguistics*. Oxford: Oxford University Press, Oxford Research Encyclopedias Editorial Offices, 1-23. DOI: https://doi.org/10.1093/acrefore/9780199384655.013.672

Casas Gómez, Miguel y M.ª Dolores Muñoz Núñez (1992): «La polisemia y la homonimia en el marco de las relaciones léxicas», en Gerd Wotjak (ed.), *Estudios de lexicología y metalexicografía del español actual*. Tübingen: Niemeyer, 134-158.

Cazacu, Tatiana (1957): «La "structuration" dynamique des significations», *Mélanges linguistiques. Publiés à l'occasion du VIIIe Congrès International des Linguistes à Oslo, du 5 au 9 août 1957*, Bucarest: Éditions de l'Academie de la République Populaire Roumaine, 113-129.

Cerdà, Ramón (coord.) (1986): *Diccionario de lingüística*. Madrid: Anaya.

Círculo Lingüístico de Praga. Tesis de 1929 (1970): Traducción y bibliografía de M.ª I. Chamorro. Madrid: Alberto Corazón.

Conca i Martínez, María *et al*. (1998): «Segundo debate», en Xesús Ferro (ed.), *Actas do I Coloquio Galego de Fraseoloxia*. Vigo: Xunta de Galicia, 169-182.

Corpas Pastor, Gloria (1996): *Manual de fraseología española*. Madrid: Gredos.

Corpas Pastor, Gloria (ed.) (2000): *Las lenguas de Europa: estudios de fraseología, fraseografía y traducción*. Granada: Comares.

Coseriu, Eugenio (1955-56): «Determinación y Entorno. Dos problemas de una lingüística del hablar», *Romanistisches Jahrbuch*, 7, 29-54.

Coseriu, Eugenio (1964): «Pour une sémantique diachronique structurale», *Travaux de Linguistique et de Littérature*, 2, 1, 139-187.

Coseriu, Eugenio (1966): «Structure lexicale et enseignement du vocabulaire», *Actes du premier Colloque International de Linguistique Appliquée (Nancy, 2004)*. Nancy, 175-217.

Coseriu, Eugenio (1967a): «Lexikalische Solidaritäten», *Poética*, 1, 293-303.

Coseriu, Eugenio (1967b): «Zur Vorgeschichte der strukturellen Semantik: Heyses Analyse des Wortfeldes 'Schall'». *To honor Roman Jakobson. Essays on the occasion of his seventieth birthday (11 October 1966)*, 1. The Hague, Paris: Mouton, 489-498.

Coseriu, Eugenio (1968): «Les structures lexématiques», en W. Theodor Elwert (ed.), *Probleme der Semantik*. Wiesbaden: Steiner, 3-16.

Coseriu, Eugenio (1969a): «La struttura del lessico», *La Grammatica. La Lessicologia. Atti del I e del II Convegno di Studi*. Roma: Società di Linguistica Italiana, 55-72.

Coseriu, Eugenio (1969b): *Die Geschichte der Sprachphilosophie von der Antike bis zur Gegenwart. Eine Übersicht (Teil I: Von der Antike bis Leibniz)*. Vorlesung gehalten im Winter-Semester 1968/69 an der Universität Tübingen. Autorisierte Nachschrift besorgt von G. Narr und R. Windisch. Tübingen: Universität.

Coseriu, Eugenio (1970): «Bedeutung und Bezeichnung im Lichte der strukturellen Semantik», en Peter Hartmann y Henri Vernay (eds.), *Sprachwissenschaft und Übersetzen. Symposion an der Üniversität Heidelberg (1969)*. München: Hueber, 104-121.

Coseriu, Eugenio (1973, 2.ª ed.): *Probleme der strukturellen Semantik, hrsg. von D. Kastovsky*. Tübingen: Narr.

Coseriu, Eugenio (1976): «L'étude fonctionnelle du vocabulaire. Précis de lexématique», *Cahiers de Lexicologie*, 29, 5-23.

Coseriu, Eugenio (1977a): *Principios de semántica estructural*. Madrid: Gredos.

Coseriu, Eugenio (1977b): *El hombre y su lenguaje. Estudios de teoría y metodología lingüística*. Madrid: Gredos.

Coseriu, Eugenio (1978): *Gramática, semántica, universales. Estudios de lingüística funcional*. Madrid: Gredos.

Coseriu, Eugenio (1979): «To hen semaínein. Bedeutung und Bezeichnung bei Aristoteles», *Sprachwissenschaft und Kommunikationsforschung*, 32, 431-437.

Coseriu, Eugenio (1980): *Textlinguistik. Eine Einführung.* Tübingen: Narr (TBL, 109).

Coseriu, Eugenio (1981): *Lecciones de lingüística general.* Madrid: Gredos.

Coseriu, Eugenio (1987): «Palabras, cosas y términos», *In Memoriam Inmaculada Corrales, I. Estudios lingüísticos.* La Laguna, 175-185.

Coseriu, Eugenio (1988): *Sprachkompetenz. Grundzüge der Theorie des Sprechens. Bearbeitet und herausgegeben von Heinrich Weber.* Tübingen: Francke.

Coseriu, Eugenio (1990): «Semántica estructural y semántica 'cognitiva'», *I Jornadas de Filología. Homenaje al Prof. Francisco Marsá.* Barcelona: Universidad de Barcelona, 239-282.

Coseriu, Eugenio (1992): *Competencia lingüística. Elementos de la teoría del hablar.* Madrid: Gredos.

Coseriu, Eugenio (1995): «Defensa de la Lexemática. Lo acertado y lo erróneo en las discusiones acerca de la semántica estructural en España», en Ulrich Hoinkes (ed.), *Panorama der Lexikalischen Semantik. Thematische Festschrift aus Anlaß des 60. Geburtstags von Horst Geckeler.* Tübingen: Narr, 113-124.

Coseriu, Eugenio y Horst Geckeler (1974): «Linguistics and Semantics. Linguistic, especially Functional, Semantics», en Thomas Albert Sebeok (ed.), *Current Trends in Linguistics, vol. XII: Linguistics and Adjacent Arts and Sciences.* The Hague, Paris: Mouton, 103-171.

Coseriu, Eugenio y Horst Geckeler (1981): *Trends in Structural Semantics.* Tübingen: Narr (TBL, 158).

Crespo Fernández, Eliecer (2007): *El eufemismo y el disfemismo. Procesos de manipulación del tabú en el lenguaje literario inglés.* Alicante: Universidad de Alicante.

Darmesteter, Arsène (1895 [1887] 5.ª ed.): *La vie des mots étudiée dans leurs significations.* Paris: Librairie C. Delagrave.

De Agustín, Javier (2000): «Precisiones sobre teoría de la terminología y semántica léxica», en Marcos Martínez Hernández *et al.* (eds.), *Cien años de investigación semántica: de Michel Bréal a la actualidad. Actas del Congreso Internacional de Semántica. Universidad de La Laguna 27-31 de octubre de 1997*, II. Madrid: Ediciones Clásicas, 1249-1258.

De Beaugrande, Robert Alain y Wolfgang Ulrich Dressler (1997): *Introducción a la lingüística del texto.* Barcelona: Ariel.

De Bustos Tovar, Eugenio (1967): «Anotaciones sobre el campo asociativo de la palabra», *Problemas y principios del estructuralismo lingüístico.* Madrid: C.S.I.C., 149-170.

De Bustos Tovar, Eugenio (1977): «Semántica, semiología y semiótica», en Rafael Lapesa (coord.), *Comunicación y lenguaje.* Madrid: Karpos, 135-160.

De Molina Redondo, José Andrés (1971): *Introducción al estudio del léxico andaluz (La casa. Las faenas domésticas).* Granada: Universidad de Granada.

De Molina Redondo, José Andrés (1972): «"Cabeza" (+ sufijos) en andaluz (estudio de un campo semántico etimológico)», *Revista de Filología Española*, 55,3-4, 279-301.

De Saussure, Ferdinand (1922 [1916] 2.ª ed.): *Cours de linguistique générale.* Publié par Ch. Bally et A. Sechehaye avec la collaboration de A. Riedlinger. Paris: Payot.

Delbecque, Nicole (1996): «B. Pottier, B. Darbord y P. Charaudeau, *Grammaire explicative de l'espagnol*», *Lingüística*, 8, 194-205.

Devís Márquez, Pedro Pablo (1992): «Algunos casos de neutralización en el nivel sintáctico oracional», *Verba*, 19, 257-274.

Devís Márquez, Pedro Pablo (1993): *Esquemas sintáctico-semánticos. El problema de la diátesis en español*. Cádiz: Universidad de Cádiz.

Devís Márquez, Pedro Pablo (1994): «Some cases of Neutralization on the Sentence Syntactic Level», en Antonio Briz y Manuel Pérez Saldanya (eds.), *Lynx, vol. 4. Categories and Functions*. University of Minnesota, Universitat de València, 97-116.

Díaz Hormigo, M.ª Tadea (2000): *Disciplinas lingüísticas y formación de palabras*, Documentos de Investigación Lingüística, 6. Cádiz: Universidad de Cádiz.

Díaz Hormigo, M.ª Tadea (2003): *Morfología*. Cádiz: Universidad de Cádiz.

Díaz Hormigo, M.ª Tadea (2004): «Sincretismos en la morfología nominal», *Revista Española de Lingüística*, 34, 1, 69-96.

Díaz Hormigo, M.ª Tadea (2010a): «Puntos de contacto entre morfología, lexicología, semántica. Propuesta de delimitación», *Revista de Filología de la Universidad de La Laguna*, 28, 165-179.

Díaz Hormigo, M.ª Tadea (2010b): «Morfología y ciencias lingüísticas: a propósito de las relaciones entre morfología, lexicología, semántica», en Dolores García Padrón y María del Carmen Fumero Pérez (eds.), *Tendencias en lingüística general y aplicada*. Frankfurt am Main / Berlin / Bern / Bruxelles / New York / Oxford / Wien: Peter Lang, 81-95.

Díaz Tejera, Alberto (1971): «Puntos de contacto entre sintaxis y semántica», *Revista Española de Lingüística*, 1,2, 361-370.

Dittmann, Jürgen (1980): «Sprachtheorie der inhaltbezogenen Sprachwissenschaft», *Deutsche Sprache*, 1-2, 40-74 y 157-176.

Drettas, Georges (1981): «Les théoriciens allemands du champ. Éléments pour une évaluation critique de leur apport», *La Linguistique*, 17,2, 3-22.

Dubois, Jean, Mathée Giacomo, Louis Guespin, Christiane Marcellesi, Jean-Baptiste Marcellesi y Jean-Pierre Mével (1979): *Diccionario de lingüística*. Madrid: Alianza.

Dubuc, Robert (1999, 3.ª ed. corregida y actualizada): *Manual práctico de terminología*. Traducción de Ileana Cabrera. Providencia (Santiago de Chile): Unión Latina, RiL editores.

Ducháček, Otto (1960): «Les champs linguistiques», *Philologica Pragensia*, 3, 22-35.

Ducháček, Otto (1962): «Les relations sémantiques des mots (étudiées d'après le vocabulaire français», *Kwartalnik Neofilologiczny*, 9,1, 27-34.

Ducháček, Otto (1971): «Sur le problème de la structuration progressive du lexique», en Karl-Richard Bausch y Hans-Martin Gauger (eds.), *Interlinguistica. Sprachvergleich und Übersetzung. Festschrift zum 60. Geburtstag von Mario Wandruszka*. Tübingen: Max Niemeyer Verlag, 39-48.

Ducháček, Otto (1972): «Restructurations lexicales», *Linguistics*, 83, 13-18.

Ducháček, Otto y Eva Spitzová (1965): «Diferentes tipos de relaciones semánticas y problemas de los campos lingüísticos», *Archivum*, 15, 59-72.

Eco, Umberto (1972): *La estructura ausente. Introducción a la semiología*. Barcelona: Lumen.

Eco, Umberto (1977): *Tratado de semiótica general*. Barcelona: Lumen.

Escoriza Morera, Luis (2002): *La variación lingüística. Propuesta de delimitación de variantes en el nivel léxico*. Madrid: ProQuest Information and Leaming.

Escoriza Morera, Luis (2003): *Perspectivas de análisis en el ámbito de la variación lingüística*. Documentos de Investigación Lingüística, 9. Cádiz: Universidad de Cádiz.

Fajardo, Alejandro (1996-1997): «Las marcas lexicográficas: concepto y aplicación práctica en la lexicografía española», *Revista de Lexicografía*, 3, 31-57.

Fernández Sevilla, Julio (1978): «Acerca de algunos aspectos de la información lexicográfica», *Boletín de la Academia Puertorriqueña de la Lengua Española*, 6,2, 79-94.

Fernández Sevilla, Julio (1983): «Sinonimia y polisemia. Implicaciones didácticas», *Actas del IV Simposio de Lengua y Literatura Española para profesores de bachillerato*. Granada, 41-55.

Fernández Smith, Gérard (1999): «Aproximaciones teóricas al tratamiento de las relaciones semánticas en el nivel textual», en Jesús Fernández González, Carmen Fernández Juncal, Mercedes Marcos Sánchez, Emilio Prieto de los Mozos y Luis Santos Río (eds.), *Lingüística para el siglo XXI. III Congreso organizado por el Departamento de Lengua Española,* vol. I. Salamanca: Ediciones Universidad de Salamanca, 661-666.

Fernández Smith, Gérard y Miguel Casas Gómez (2018): «From lexicon to discourse in the linguistic expresión of taboo: configuring new social realities», en Eliecer Crespo Fernández (ed.), *Taboo in Discourse. Studies on Attenuation and Offence in Communication.* Bern, Berlin, Bruxelles, New York, Oxford, Warszawa, Wien: Peter Lang, Linguistic Insights. Studies in Language and Communication, volume 250, 25-52.

Firth, John Rupert (1935): «The Technique of Semantics», *Transactions of the Philological Society*, 36-72.

Fodor, Janet Dean (1985): *Semántica: teorías del significado en la gramática generativa.* Madrid: Cátedra.

Gallardo Paúls, Beatriz (1995): *Prácticas de Lingüística, Psicolingüística, Pragmática y Conversación, y Sociolingüística.* Valencia: NAU llibres.

Gangutia, Elvira (1977): *Vida / Muerte de Homero a Platón. Estudio de semántica estructural.* Madrid: C.S.I.C.

García Hernández, Benjamín (1980): *Semántica estructural y lexemática del verbo.* Reus: Ediciones Avesta.

García Hernández, Benjamín (1981): «Proporcionalidad y relaciones clasemáticas», en Wolf Dietrich y Horst Geckeler (eds.), *Logos Semantikos. Studia lingüística in honorem Eugenio Coseriu (1921-1981),* 3. Berlin. New York: Walter de Gruyter, Madrid: Gredos, 23-35.

García Hernández, Benjamín (1988): «Lexematik und Grammatik: die Verbalklassen», *Indogermanische Forschungen,* 93, 1-21.

García Hernández, Benjamín (1997a): «Sinonimia y diferencia de significado», *Revista Española de Lingüística*, 27, 1, 1-31.

García Hernández, Benjamín (1997b): «La sinonimia, relación onomasiológica en la antesala de la semántica», *Revista Española de Lingüística*, 27, 2, 381-407.

García Márquez, Gabriel (1982): «La vaina de los diccionarios», *El País*, Madrid, 19 de mayo, 9.

Garza Cuarón, Beatriz (1978): *La connotación: problemas del significado.* México, D. F.: El Colegio de México.

Gauger, Hans-Martin (1961): *Über die Anfänge des französischen Synonymik und das Problem der Synonymie* (Dissertation). Tübingen: Universität Tübingen.

Gauger, Hans-Martin (1970): «Apport au problème de la synonymie», *Meta*, 15, 3, 147-160.

Gauger, Hans-Martin (1972): *Zum Problem der Synonyme. Avec un résumé en français: Apport au problème des synonymes.* Tübingen: Narr.

Geckeler, Horst (1971): *Strukturelle Semantik und Wortfeldtheorie.* München: Fink.

Geckeler, Horst (1973): *Strukturelle Semantik des Französischen*. Tübingen: Niemeyer.

Geckeler, Horst (1983): «La semántica, rama clave de la lingüística», *Conferencias del trigésimo aniversario de la Universidad de la República*. Montevideo: Facultad de Humanidades y Ciencias, 51-65.

Geckeler, Horst (1989): «Considérations sur les relations entre la synonymie et l'antonymie», *Actes du XVIIIe Congrès International de Linguistique et Philologie Romanes* (Trier, 1986), 4. Tübingen: Niemeyer, 254-263.

Geckeler, Horst (1996): «La terminologie de la sémantique structurale et la nature des sèmes et des classèmes», en Hiltraud Dupuy-Engelhardt (ed.), *Questions de méthode et de délimitation en sémantique lexicale. Actes d'EUROSEM 1994*. Reims: Presses Universitaires de Reims, 91-101.

Germain, Claude (1981): *La sémantique fonctionnelle*. Paris: PUF.

Gili Gaya, Samuel (1965, 3.ª ed.): «Prólogo», *Diccionario de sinónimos*. Barcelona: Biblograf, V-XIII.

Gipper, Helmut y Helmut Schwarz (1962): *Bibliographisches Handbuch zur Sprachinhaltsforschung*. Köln: Opladen.

González Aguiar, M.ª Isabel (2002-2003): «Fraseología y lexicografía: análisis y propuestas», *Revista de Lexicografía*, 9, 29-55.

González Martínez, Juan Miguel (1988-89): «La sinonimia. Problema metalingüístico», *Anales de Filología Hispánica*, 4, 193-210.

Greimas, Algirdas-Julius (1948): *La Mode en 1830. Essai de description du vocabulaire vestimentaire d'après les journaux de mode de l'époque,* Thèse de doctorat de l'Université de Paris.

Greimas, Algirdas-Julius (1966): *Sémantique structurale. Recherche de méthode*. Paris: Larousse.

Greimas, Algirdas-Julius (1976): *Semántica estructural. Investigación metodológica*. Madrid: Gredos.

Greimas, Algirdas-Julius y Joseph Courtés (1982): *Semiótica. Diccionario razonado de la teoría del lenguaje*. Madrid: Gredos.

Guerrero Ramos, Gloria (1997): «¿Qué es y para qué sirve la terminología?», en José Andrés de Molina Redondo y Juan de Dios Luque Durán (eds.), *Estudios de Lingüística General (III). Trabajos presentados en el II Congreso Nacional de Lingüística General (Granada 25 al 27 de marzo de 1996)*. Granada: Granada Lingvistica y Método Ediciones, 171-178.

Guerrero Ramos, Gloria y Manuel Fernando Pérez Lagos (coords.) (2002): *Panorama actual de la terminología*. Granada: Comares.

Guiraud, Pierre (1955): *La sémantique*. Paris: P.U.F.

Guiraud, Pierre (1956): «Les champs morpho-sémantiques (Critères externes et critères internes en étymologie)», *Bulletin de la Société de Linguistique de Paris*, 52, 265-288.

Guiraud, Pierre (1960): *La semántica*. México: Fondo de Cultura Económica.

Guiraud, Pierre (1966a): «De la grive au maquereau. Le champ morpho-sémantique des noms de l'animal tacheté», *Le français moderne,* 34, 280-308.

Guiraud, Pierre (1966b): «Le champ morpho-sémantique des noms du chat. Première partie: Le matou», *Bulletin de la Société de Linguistique de Paris*, 61, 128-145.

Guiraud, Pierre (1967): *Structures étymologiques du lexique français*. Paris: Larousse.

Guiraud, Pierre (1968): «Le champ morpho-sémantique du mot "tromper"», *Bulletin de la Société de Linguistique de Paris*, 68, 96-109.

Gutiérrez Ordóñez, Salvador (1979): «La détermination du signifié», *Actes du Vᵉ Colloque International de Linguistique Fonctionnelle*, Sorbonne. Paris: S. I. L. F., 154-157.

Gutiérrez Ordóñez, Salvador (1980): «L'étude fonctionnelle du signifié», *Actes du VIe Colloque International de Linguistique Fonctionnelle (Rabat, 1979)*. Rabat, 73-98.

Gutiérrez Ordóñez, Salvador (1981a): *Lingüística y semántica. (Aproximación funcional)*. Oviedo: Universidad de Oviedo.

Gutiérrez Ordóñez, Salvador (1981b): «Pluralismo y monismo semánticos», en Wolf Dietrich y Horst Geckeler (eds.), *Logos Semantikos. Studia lingüistica in honorem Eugenio Coseriu (1921-1981)*, vol. 3. Berlin / New York / Madrid: Walter de Gruyter, Gredos, 81-91.

Gutiérrez Ordóñez, Salvador (1989): *Introducción a la semántica funcional*. Madrid: Síntesis.

Gutiérrez Ordóñez, Salvador (1992): «Sémantique et axiologie», *Actes XVIIe Colloque International de Linguistique Fonctionnelle (León, 5-10 juillet 1990)*. León: Universidad de León, 101-107.

Gutiérrez Ordóñez, Salvador (1994): «Ambiguïtés pragmatiques», *Les Cahiers du C.R.I.A.R.* n.º 14: *Ambiguïtés / Ambivalences. Actes du colloque de Rouen 13-14-15 mai 1994. Textes réunis par A.-M. Vanderlynden*. Rouen: Université de Rouen, 25-43.

Gutiérrez Ordóñez, Salvador (1997): «Las *otras* relaciones semánticas», en Manuel Iglesias Bango (ed.), *Gramma-Temas* 2. León: Universidad de León, 77-109.

Gutiérrez Ordóñez, Salvador (2002): «¿Clases o prototipos?», en Miguel Casas Gómez (ed.), *IV Congreso de Lingüística General (Cádiz, del 3 al 6 de abril de 2000), vol. V. Conferencias*. Cádiz: Área de Lingüística General, Universidad de Cádiz / Universidad de Alcalá, 103-141.

Hartmann, Reinhard Rudolf Karl (2001): *Teaching and Researching Lexicography*. Harlow: Longman.

Hartmann, Reinhard Rudolf Karl y Gregory James (1998): *Dictionary of Lexicography*. London. New York: Routledge, James.

Hattori, Shiro (1956): «The analysis of meaning», *For Roman Jakobson. Essays on the occasion of his sixtieth birthday*. The Hague: Mouton, 207-212.

Heger, Klaus (1965): «Les bases méthodologiques de l'onomasiologie et du classement par concepts», *Travaux de Linguistique et de Littérature,* 3,1, 7-32.

Heger, Klaus (1969a): «La sémantique et la dichotomie de langue et parole», *Travaux de Linguistique et de Littérature,* 7,1, 47-111.

Heger, Klaus (1969b): «"Sprache" und "Dialekt" als linguistisches und soziolinguistisches Problem», *Folia Linguistica,* 3, 1-2, 46-67.

Heger, Klaus (1969c): «L'analyse sémantique du signe linguistique», *Langue française,* 4, 44-66.

Heger, Klaus (1971): *Monem, Wort und Satz*. Tübingen: Niemeyer.

Heger, Klaus (1974): *Teoría semántica. Hacia una semántica moderna II*. Madrid: Alcalá.

Heger, Klaus (1981): «La semántica lingüística», *Lexis,* 5,2, 59-93.

Helbig, Gerhard (1971): *Geschichte der neueren Sprachwissenschaft*. München.

Hernández Hernández, Humberto (1989): *Los diccionarios de orientación escolar: contribución al estudio de la lexicografía monolingüe*. Tübingen: Niemeyer.

Hernández Hernández, Humberto (1994): «El diccionario entre la semántica y las necesidades de los usuarios», en Humberto Hernández Hernández (coord.), *Aspectos de lexicografía contemporánea*. Barcelona: Biblograf, 107-118.

Hey, Oskar (1900): «Euphemismus und Verwandtes im Lateinischen», *Archiv für lateinische Lexikographie,* 11, 515-536.

Hjelmslev, Louis (1939): «Note sur les oppositions suprimables», *Travaux de Cercle Linguistique de Prague,* 8, 51-57.

Hjelmslev, Louis (1943): *Omkring sprogteoriens grundlaeggelse.* Kobenhavn: Ejnar Munksgaard.

Hjelmslev, Louis (1958): «Dans quelle mesure les significations des mots peuvent-elles être considérées comme formant une structure?», *Proceedings of the Eight International Congress of Linguists.* Oslo, 636-654.

Hjelmslev, Louis (1959): «Pour une sémantique structurale», *Essais linguistiques, I. Travaux du Cercle Linguistique de Copenhague, vol XII.* Copenhague: Nordisk Sprog-og Kulturforlag, 96-112.

Hjelmslev, Louis (1971): «La structure fondamentale du langage», *Prolégomènes à une théorie du langage.* Paris: Les Éditions de Minuit, 177-231.

Hjelmslev, Louis (1972): «Para una semántica estructural», *Ensayos lingüísticos.* Madrid: Gredos, 125-146.

Hjelmslev, Louis (1974, 2.ª ed.): *Prolegómenos a una teoría del lenguaje.* Madrid: Gredos.

Hjelmslev, Louis (1975): *Résumé of a theory of language. Travaux du Cercle Linguistique de Copenhague, vol. XVI.* Copenhague: Nordisk Sprog-og Kulturforlag.

Hjelmslev, Louis (1976): *Principios de gramática general.* Madrid: Gredos.

Hoberg, Rudolf (1970): *Die Lehre vom sprachlichen Feld. Ein Beitrag zu ihrer Geschichte, Methodik und Anwendung.* Düsseldorf: Schwann.

Hockett, Charles Francis (1958): *A Course in Modern Linguistics.* New York: MacMillan.

Ipsen, Gunther (1924): «Der Alte Orient und die Indogermanen», *Stand und Aufgaben der Sprachwissenschaft. Festschrift für Wilhelm Streitberg.* Heidelberg, 200-237.

Ipsen, Gunther (1932): «Der neue Sprachbegriff», *Zeitschrift für Deutschkunde,* 46, 1-18.

Jakobson, Roman (1963): *Essais de linguistique générale, I.* Paris: Les Éditions de Minuit.

Jakobson, Roman (1973): *Essais de linguistique générale, II. Rapports internes et externes du langage.* Paris: Les Éditions de Minuit.

Jiménez Ruiz, Juan Luis (1994): *Semántica sintomática. Propuestas para una hermenéutica comprensiva del sentido.* Alicante: Universidad de Alicante.

Jolles, Antike (1934): «Antike Bedeutungsfelder», *Beiträge zur Geschichte der deutschen Sprache und Literatur,* 58, 97-109.

Kandler, Georg (1959): «Die "Lücke" im sprachlichen Weltbild. Zur Synthese von "Psychologismus" und "Soziologismus"», en Helmut Gipper (ed.), *Sprache – Schlüssel zur Welt. Festschrift für Leo Weisgerber.* Düsseldorf: Pädagogischer Verlag Schwann, 256-270.

Karcevskij, Sergej (1929): «Du dualisme asymétrique du signe linguistique», *Travaux du Cercle Linguistique de Prague,* 1, 88-93.

Kerbrat-Orecchioni, Catherine (1977): *La connotation.* Lyon: Presses Universitaires de Lyon.

Kleiber, Georges (1990): *La sémantique du prototype. Catégories et sens lexical.* Paris: P.U.F.

Kronasser, Heinz (1968 [1952] 2.ª ed.): *Handbuch der Semasiologie. Kurze Einführung in die Geschichte, Problematik und Terminologie der Bedeutungslehre.* Heidelberg: Carl Winteruniversitätsverlag.

Laca, Brenda (1984): «La semántica de prototipos. ¿Hacia una lingüística de las cosas?», *Relaciones,* 1, 9-10.

Lara, Luis Fernando (2004): *De la definición lexicográfica*. México: El Colegio de México, Centro de Estudios Lingüísticos y Literarios.

Lara, Luis Fernando (2005): «¿Es posible una teoría del léxico?», en Gerd Wotjak y Juan Cuartero Otal (eds.), *Entre semántica léxica, teoría del léxico y sintaxis*. Frankfurt am Main: Peter Lang, Studien zur romanischen Sprachwissenschaft und interkulturellen Kommunikation, Band 22, 1-12.

Lázaro Carreter, Fernando (1974, 3.ª ed.): *Diccionario de términos filológicos*. Madrid: Gredos.

Leal Riol, M.ª Jesús (2007): *Las expresiones fraseológicas en español y su enseñanza a anglófonos*, Tesis doctoral, Universidad de Valladolid.

Lechado García, José Manuel (2000): *Diccionario de eufemismos y de expresiones eufemísticas del español actual*. Madrid: Verbum.

Lewandowski, Theodor (1982): *Diccionario de lingüística*. Madrid: Cátedra.

Lodares, Juan Ramón (1988): «Aplicaciones lexemáticas a la enseñanza del español», *Revista de Lingüística Teórica y Aplicada, 26*, 41-55.

López García, Ángel (1985): *Diccionario de sinónimos y antónimos de la lengua española*. Valencia: Alfredo Ortells.

López García, Ángel (1991a): «Gili Gaya: un eslabón en la historia de la lingüística española», en Jesús Costa (coord.), Ángel López y Dolors Sistac, *Samuel Gili Gaya. Vida y obra (1892-1976). Edición, introducción y selección de artículos dispersos*. Lleida: Ediciones Texto e Imagen, 63-82.

López García, Ángel (1991b): «Sinonimia intralingüística y sinonimia interlingüística», en Brigitte Lépinette, M.ª Amparo Olivares Pardo y Emma Sopeña Balordi (eds.), *Actas del Primer Coloquio Internacional de Traductología (València, 2, 3, 4 de mayo de 1989)*. València: Universitat de València, 41-45.

Lyons, John (1967): *Structural Semantics. An analysis of part of the vocabulary of Plato*. Oxford: Basil Blackwell.

Lyons, John (1968): *Introduction to theoretical linguistics*. Cambridge / New York / New Rochelle / Melbourne / Sidney: Cambridge University Press.

Lyons, John (1975, 3.ª ed.): *Introducción en la lingüística teórica*. Versión española de Ramón Cerdà. Barcelona: Teide.

Lyons, John (1977): *Semantics*, 2 vols., Cambridge / London / New York / Melbourne: Cambridge University Press.

Lyons, John (1981a): *Language, Meaning and Context*. Bungay, Suffolk: Fontana Paperbacks.

Lyons, John (1981b): *Language and linguistics. An introduction*. Cambridge: Cambridge University Press.

Mahmoudian, Mortéza (1980): «Structure linguistique: problèmes de la constance et des variations», *La Linguistique, 16*, 1, 5-36.

Mahmoudian, Mortéza (1982): *La linguistique*. Paris: Éd. Seghers.

Mahmoudian, Mortéza (1985): «Structure du signifié et fonction de communication», *La Linguistique, 21*, 251-274.

Malinowski, Bronislaw (1964, 2.ª ed.): «El problema del significado en las lenguas primitivas», en Charles Key Ogden e Ivor Armstrong Richards, *El significado del significado. Una investigación sobre la influencia del lenguaje en el pensamiento y sobre ciencia simbólica*. Buenos Aires: Paidós, 312-360.

Mariner, Sebastián (1958): «'Latencia' y neutralización, conceptos precisables», *Archivum*, 8, 15-32.

Marouzeau, Jules (1951, 3.ª ed.): *Lexique de la terminologie linguistique. Français – Allemand – Anglais – Italien*. Paris: Librairie Orientaliste Paul Geuthner.

Martinet, André (coord.) (1957): *La notion de neutralisation dans la morphologie et le lexique. Travaux de l' Institut de Linguistique*, vol II. Paris: Klincksieck.

Martinet, André (1968): «Neutralisation et syncrétisme», *La Linguistique*, 1, 1-20.

Martinet, André (1975): «Sémantique et axiologie», *Revue Roumaine de Linguistique*, 10,5, 539-542.

Martínez de Sousa, José (1995): *Diccionario de lexicografía práctica*. Barcelona: Biblograf.

Martínez Hernández, Marcos (1977): «El campo léxico de los sustantivos de dolor en Sófocles. Ensayo de semántica estructural-funcional (I)», *Cuadernos de Filología Clásica*, 13, 33-112.

Martínez Hernández, Marcos (1978): «El campo léxico de los sustantivos de dolor en Sófocles. Ensayo de semántica estructural-funcional (II)», *Cuadernos de Filología Clásica,* 14, 121-169.

Martínez Hernández, Marcos (1981): *La esfera semántico-conceptual del dolor en Sófocles. (Contribución al estudio del vocabulario de los sentimientos en griego clásico)*, 2 vols. Madrid: Universidad Complutense de Madrid.

Martínez Hernández, Marcos (1983): «El problema del método en la teoría de los campos léxicos», *Revista del Colegio Universitario de Ciudad Real. Cuaderno de Filología*, 1, 3-15.

Martínez Hernández, Marcos (1984): «Estado actual de la semántica y su aplicación al griego antiguo», en Alfonso Martínez Díez (ed.), *Actualización científica en Filología Griega*. Madrid: I.C.E., Universidad Complutense de Madrid, 355-413.

Martínez Hernández, Marcos (1990): «Investigación del contenido lingüístico y semántica funcional (lexemática): intento de fusión», en M.ª Ángeles Álvarez Martínez (ed.), *Actas del Congreso de la Sociedad Española de Lingüística. XX Aniversario (Tenerife, 2-6 de abril de 1990)*, II. Madrid: Gredos, 1009-1018.

Martínez Hernández, Marcos (2000): «Para una semántica del griego antiguo», en Marcos Martínez Hernández y otros (eds.), *Cien años de investigación semántica: de Michel Bréal a la actualidad. Actas del Congreso Internacional de Semántica. Universidad de La Laguna 27-31 de octubre de 1997*, II. Madrid: Ediciones Clásicas, 1115-1130.

Martínez Hernández, Marcos (2003): «Setenta años de teoría de los campos: balance provisional», *Revista Española de Lingüística*, 33,2, 261-314.

Martínez Valladares, M.ª Ángeles (1970): «Estudio sobre la estructura de las preposiciones *ek / apó* en la literatura arcaica y clásica», *Emerita*, 38, 53-94.

Martínez Valladares, M.ª Ángeles (1973): «Metodología y resultados de un estudio de las preposiciones en Tucídides», *Revista Española de Lingüística,* 3,1, 185-194.

Martínez Valladares, M.ª Ángeles (1976): «Notas sobre el valor semántico de las preposiciones griegas», *Durius*, 4,7-8, 219-226.

Matoré, Georges (1953): *La méthode en Lexicologie. Domaine français*. Paris: Marcel Didier.

Matoré, Georges (1959): «Vocabulaire et littérature», *Cahiers de l'Association Internationale des Études Françaises,* 11, 301-306.

Matoré, Georges (1961): «Les méthodes modernes de la sémantique descriptive», *Lexicologie et Lexicographie Françaises et Romanes. Orientations et exigences actuelles (Strasbourg, 1957)*. Paris, 91-106.

Matoré, Georges (1967): *Le vocabulaire et la société sous Louis-Philippe.* Genève: Slatkine Reprints.

Matoré, Georges (1980): «'Monstre' au XVIe siècle. Étude lexicologique», *Travaux de Linguistique et de Littérature,* 18,1, 359-367.

Matoré, Georges (1986): «L'espace du XVIe siècle», *Cahiers de Lexicologie,* 49,2, 3-11.

Matoré Georges y Algirdas-Julius Greimas (1948): «La Méthode en Lexicologie. À propos de quelques thèses récentes», *Romanische Forschungen,* 60,3, 411-419.

Matoré Georges y Algirdas-Julius Greimas (1950): «La Méthode en Lexicologie (II)», *Romanische Forschungen,* 62, 208-221.

Medina Guerra, Antonia M.ª (coord.) (2003): *Lexicografía española.* Barcelona: Ariel.

Mellado, Carmen, Patricia Buján, Claudia Herrero, Nely Iglesias y Ana Mansilla (eds.) (2010): *La fraseografía del siglo XXI. Nuevas propuestas para el español y el alemán.* Berlin: Frank & Timme.

Meya, Montserrat (1976): «Modelación del campo semántico de los verbos de movimiento», *Revista Española de Lingüística,* 6,1, 145-165.

Meyer, Richard Moritz (1910): «Bedeutungssysteme», *Zeitschrift für vergleichende Sprachforschung,* 43, 352-368.

Mignot, Xavier (1972): «Les notions d'homonymie, de synonymie et de polysémie dans l'analyse ensembliste du signe», *Bulletin de la Société de Linguistique de Paris,* 67,1, 1-22.

Miranda Nelson, Eduardo (1986): «La sinonimia desde un punto de vista textual», *Revista de Lingüística Teórica y Aplicada,* 24, 91-96.

Moliner, María (1966-67): *Diccionario de uso del español,* 2 vols. Madrid: Gredos.

Moliner, María (1977, reimp.): *Diccionario de uso del español,* 2 vols. Madrid: Gredos.

Moliner, María (1998, 2.ª ed.): *Diccionario de uso del español,* 2 vols. Madrid: Gredos.

Molino, Jean (1971): «La connotation», *La Linguistique,* 7,1, 5-30.

Montero Cartelle, Emilio (1979): «El eufemismo: sus repercusiones sobre el léxico», *Senara,* 1, 45-60.

Montero Cartelle, Emilio (1981): *El eufemismo en Galicia. (Su comparación con otras áreas romances).* Santiago de Compostela: Universidad de Santiago de Compostela.

Morris, Charles (1985 [1938]): *Fundamentos de la teoría de los signos.* Barcelona, Buenos Aires, México: Paidós.

Mortureux, Marie-Françoise (comp.) (1990): *Langages, 98: L'hyponymie et l'hyperonymie.* Paris: Larousse.

Mounin, Georges (1965a): «Un champ sémantique: la dénomination des animaux domestiques», *La Linguistique,* 1, 31-54.

Mounin, Georges (1965b): «Essai sur la structuration du lexique de l'habitation», *Cahiers de Lexicologie,* 6,1, 9-24.

Mounin, Georges (dir.) (1979): *Diccionario de lingüística.* Barcelona: Labor.

Muñoz Núñez, M.ª Dolores (1996a): *La polisemia léxica. Propuesta de delimitación e identificación funcional de los significados de sustantivos polisémicos,* Tesis doctoral microfilmada. Cádiz: Universidad de Cádiz.

Muñoz Núñez, M.ª Dolores (1996b): «Problemática actual del fenómeno de la polisemia léxica», *Lingüística,* 8, 89-127.

Muñoz Núñez, M.ª Dolores (1997): *Función de comunicación y pertinencia lingüística,* Documentos de trabajo *LynX,* vol. 11. València: Universitat de València.

Muñoz Núñez, M.ª Dolores (1999a): *La polisemia léxica*. Cádiz: Universidad de Cádiz.

Muñoz Núñez, M.ª Dolores (1999b): «El papel de la sintagmática en la configuración del significado léxico», en Ángel Yanguas y Francisco J. Salguero (eds.), *Estudios de lingüística descriptiva y comparada. Trabajos presentados en el III Simposio Andaluz de Lingüística General (Sevilla, 15-17 de marzo de 1999)*. Sevilla: Kronos, 317-323.

Muñoz Núñez, M.ª Dolores (1999c): «Criterios y dificultades para la elaboración de un diccionario funcional», en Jesús Fernández González *et al.* (eds.), *Lingüística para el siglo XXI. III Congreso organizado por el Departamento de Lengua Española, II*. Salamanca: Ediciones Universidad de Salamanca, 1191-1197.

Muñoz Núñez, M.ª Dolores (1999d): *El análisis funcional del significado*, Documentos de Investigación Lingüística, 2. Cádiz: Universidad de Cádiz.

Muñoz Núñez, M.ª Dolores (2001): «Reseña a M. Casas Gómez, *Las relaciones léxicas*», *Zeitschrift für romanische Philologie*, 117,3, 455-465.

Muñoz Núñez, M.ª Dolores (2002): «Oppositions and analysis of lexical content», *Quaderni di Semantica*, 23,1, 77-94.

Muñoz Valle, Isidoro (1971): «La neutralización de *koúre / tékos* en el contexto formular homérico», *Revista Española de Lingüística*, 1-2, 415.

Muñoz Valle, Isidoro (1973): «La neutralización semántica de los sinónimos *koúre / tékos* en el contexto formular homérico», *Durius*, 1,1, 45-61.

Muñoz Valle, Isidoro (1974): *Investigaciones sobre el estilo formular épico y sobre la lengua de Homero*. Valencia: Bello.

Muñoz Valle, Isidoro (1975): «En torno a la sinonimia (¿Existen los sinónimos perfectos?)», *Durius,* 3,6, 263-289.

Noya Gallardo, Carmen (1993): *La terminología vinícola jerezana en inglés. Mecanismos lingüísticos y estudio léxico*. Cádiz: Universidad de Cádiz.

Noya Gallardo, Carmen (1994): «Interferencias lingüísticas en la terminología vinícola jerezana en inglés», en Margit Raders y Rafael Martín-Gaitero (eds.), *Actas de los IV Encuentros Complutenses en torno a la Traducción: celebrados en el Instituto Universitario de Lenguas Modernas y Traductores del 24 al 29 de febrero de 1992*. Madrid: Editorial Complutense, 309-314.

Ogden, Charles Kay e Ivor Armstrong Richards (1923): *The meaning of meaning. A study of the influence of language upon thought and of the science of symbolism*. New York, London: Harcourt Brace Jovanovich.

Olímpio de Oliveira Silva, M.ª Eugênia (2004): *Fraseografía teórica y práctica. Bases para la elaboración de un diccionario de locuciones verbales español-portugués*, Tesis doctoral, Universidad de Alcalá.

Olímpio de Oliveira Silva, M.ª Eugênia (2007): *Fraseografía teórica y práctica*. Frankfurt am Main: Peter Lang.

Olímpio de Oliveira Silva, M.ª Eugênia (2009): «Discurso metalexicográfico sobre los diccionarios bilingües: la equivalencia y la equivalencia fraseológica», en M.ª Teresa Fuentes Morán y Benedikt A. Model (eds.), *Investigaciones sobre lexicografía bilingüe*. Granada: Tragacanto, 81-116.

Olímpio de Oliveira Silva, M.ª Eugênia (2011a): «Enfoque onomasiológico y fraseografía: cuestiones teórico-prácticas», en Antonio Pamies, Lucía Luque Nadal y José Manuel

Pazos (eds.), *Multilingual Phraseography: Translation and Learning Applications*, vol. 2. Baltmannsweiler: Schneider Verlag, 119-128.

Olímpio de Oliveira Silva, M.ª Eugênia (2011b): «Dicionários: armas de dois gumes no estudo da fraseologia. O caso das locuções», en M.ª Luisa Ortiz Álvarez y Enrique Huelva Unternbäumen (eds.), *Uma (re)visão da teoria e da pesquisa fraseológicas*. Campinas: Pontes, 161-182.

Olímpio de Oliveira Silva, M.ª Eugênia (2012): «Por uma produção fraseográfica efetiva: desafios e metas», en M.ª Luisa Ortiz Álvarez (ed.), *Tendências atuais na pesquisa descritiva e aplicada em fraseologia e paremiologia*, vol. 1. Campinas: Pontes, 237-245.

Palmer, Frank Robert (1981 [1976] 2.ª ed.): *Semantics*. Cambridge: Cambridge University Press.

Pamies, Antonio, Martina Bálmacz y Eva M.ª Iñesta (1998): «Criterios para una fraseografía onomasiológica automatizada», en Juan de Dios Luque Durán y Antonio Pamies Bertrán (eds.), *Léxico y fraseología*. Granada: Granada Lingvistica y Método Ediciones, 207-225.

Pamies, Antonio, Lucía Luque Nadal y José Manuel Pazos (eds.) (2011): *Multilingual Phraseography: Translation And Learning Applications*. Baltmannsweiler: Schneider Verlag.

Paquot-Maniet, Annette (1977): «Le noyau sémantique», *Atti del XIV Congresso Internazionale di Lingüistica e Filologia Romanza (Napoli, 15-20 aprile 1974)*, 4, Napoli. Amsterdam: Gaetano Macchiaroli, John Benjamins B. V., 343-349.

Paredes Duarte, María Jesús (2002): *Consideraciones teóricas acerca de la elipsis. Repercusiones semánticas y lexicográficas de la elipsis originada en combinatoria léxica*, Tesis doctoral. Cádiz: Universidad de Cádiz.

Paredes Duarte, María Jesús (2004): *Delimitación terminológica de los fenómenos de elipsis*, Documentos de Investigación Lingüística, 10. Cádiz: Universidad de Cádiz.

Paredes Duarte, María Jesús (2009): *Perspectivas semánticas de la elipsis*. Madrid: Arco/Libros.

Pascual Buxó, José (1980): «Sincretismo, homología, ambigüedad referencial», *Acta Poetica*, 2, 41-57.

Pastor Milán, M.ª Ángeles (1988): «Un enfoque lexemático de la homonimia, polisemia y sinonimia», *Revista Española de Lingüística*, 18, 2, 299-316.

Pastor Milán, M.ª Ángeles (1990): *Indagaciones lexemáticas. A propósito del campo semántico 'asir'*. Granada: Universidad de Granada.

Penadés Martínez, Inmaculada (1991): «La clasificación semántica del adjetivo calificativo en español. (Revisión crítica)», *Actes du XVIIIe Congrès International de Linguistique et Philologie Romanes (Trier, 1986)*, 2. Tübingen: Niemeyer, 196-207.

Penadés Martínez, Inmaculada (1993): «La posición del adjetivo calificativo desde los conceptos *determinación* y *entorno* de E. Coseriu», *Pragmalingüística*, 1, 257-286.

Penadés Martínez, Inmaculada (1997): «La estructuración semántica en el ámbito de la fraseología», en José Andrés de Molina Redondo y Juan de Dios Luque Durán (eds.), *Estudios de Lingüística General (III). Trabajos presentados en el II Congreso Nacional de Lingüística General (Granada, 25 al 27 de marzo de 1996)*. Granada: Granada Lingvistica, Método Ediciones, 349-360.

Penadés Martínez, Inmaculada (1999): *La enseñanza de las unidades fraseológicas*. Madrid: Arco/Libros.

Penadés Martínez, Inmaculada (2000): *La hiponimia en las unidades fraseológicas*. Documentos de Investigación Lingüística, 4, Cádiz: Universidad de Cádiz.

Penadés Martínez, Inmaculada (2003): «La antonimia en las unidades fraseológicas», *Actas del XXIII Congreso Internacional de Lingüística y Filología Románicas (Salamanca, 24-29 de septiembre de 2001), vol. 2. Sección III: Sintaxis, semántica y pragmática.* Tübingen: Niemeyer, 169-176.

Penadés Martínez, Inmaculada (2004): «Les relations d'opposition dans les locutions espagnoles», *Cahiers de Lexicologie,* 85,2, 81-105.

Penadés Martínez, Inmaculada (2005): «Resultados y perspectivas de estudio en fraseología española», *Lynx. Panorámica de Estudios Lingüísticos,* 4, 5-58.

Penadés Martínez, Inmaculada (2012): *Gramática y semántica de las locuciones.* Alcalá de Henares: Universidad de Alcalá.

Penadés Martínez, Inmaculada (2015): *Para un diccionario de locuciones. De la lingüística teórica a la fraseografía práctica.* Alcalá de Henares: Universidad de Alcalá.

Penadés Martínez, Inmaculada (2018): «La información pragmática sobre las locuciones en el diccionario», *Revista de lexicografía,* XXIV: 89-106.

Penadés Martínez, Inmaculada (2019a): *Diccionario de locuciones idiomáticas del español actual (DILEA).* Albaida: Edición de la autora. Disponible en línea: http://www.diccionariodilea.es/diccionario

Penadés Martínez, Inmaculada (2019b): «El Diccionario de locuciones idiomáticas del español actual en línea (DiLEA)», en Elena Dal Maso (ed.), *VenPalabras 3. De aquí a Lima. Estudios fraseológicos del español de España e Hispanoamérica.* Venezia: Edizioni Ca'Foscari, 225-246.

Penadés Martínez, Inmaculada (2020): «La marcación diafásica de locuciones verbales eufemísticas», *Estudios de Lingüística. Universidad de Alicante (ELUA),* Anexo VII. Venezia: Edizioni Ca'Foscari, 33-57.

Pérez Lagos, Manuel Fernando (1998): «Sobre algunos aspectos del quehacer lexicográfico», *Estudios Lingüísticos,* 12, 163-179.

Pérez Bouza, Xosé Antón (coord.), Miguel Casas Gómez y José Martínez de Sousa (1994): «María Moliner a la luz de la lexicología y lexicografía modernas», en Carlos Martín Vide (ed.), *Actas del X Congreso de Lenguajes Naturales y Lenguajes Formales.* Barcelona: PPU, 653-668.

Pinto, Daniele, Luana Ferreira Rodrigues, L. S. Rodrigues y M.ª Eugênia Olímpio de Oliveira Silva (2009): «Flores e pedras no caminho da prática fraseográfica», en Adja Balbino de Amorim Barbieri Durão (ed.), *Por uma lexicografia bilíngue contrastiva.* Londrina: UEL, 127-138.

Porto Dapena, José Álvaro (2002): *Manual de técnica lexicográfica.* Madrid: Arco/Libros.

Porzig, Walter (1934): «Wesenhafte Bedeutungsbeziehungen», *Beiträge zur Geschichte der deutschen Sprache und Literatur,* 58, 70-97.

Porzig, Walter (1957, 2.ª ed.): *Das Wunder der Sprache. Probleme, Methoden und Ergebnisse der modernen Sprachwissenschaft.* Bern: Francke.

Porzig, Walter (1959): «Die Einheit des Wortes. Ein Beitrag zur Diskussion», en Helmut Gipper (ed.), *Sprache – Schlüssel zur Welt. Festschrift für Leo Weisgerber.* Düsseldorf: Pädagogischer Verlag Schwann, 158-167.

Pos, Hendrik Josephus (1933): «La synonymie dans la langue et dans le langage», *Actes du IIe Congrès International de Linguistes (Genève, 1931).* Paris: Librairie d'Amérique et d'Orient Adrien Maisonneuve,156-158.

Pottier, Bernard (1963): *Recherches sur l'analyse sémantique en linguistique et en traduction mécanique*. Nancy: Université de Nancy.

Pottier, Bernard (1964): «Vers une sémantique moderne», *Travaux de Linguistique et de Littérature*, 2,1, 107-137.

Pottier, Bernard (1965): «La définition sémantique dans les dictionnaires», *Travaux de Linguistique et de Littérature,* 3,1, 33-39.

Pottier, Bernard (1967a): «Rehabilitación de la semántica», *Problemas y principios del estructuralismo lingüístico*. Madrid: C.S.I.C., 187-192.

Pottier, Bernard (1967b): «Présentation de la linguistique. Fondements d'une théorie», *Travaux de Linguistique et de Littérature*, 5,1, 7-60.

Pottier, Bernard (1972 [1969] 2.ª ed.): *Grammaire de l'espagnol*. Paris: P.U.F.

Pottier, Bernard (1974): *Linguistique générale. Théorie et description*. Paris: Klincksieck.

Pottier, Bernard (1976): «Hacia una semántica moderna», *Lingüística moderna y filología hispánica*. Madrid: Gredos, 99-133.

Pottier, Bernard (1992a): *Sémantique générale*. Paris: P.U.F.

Pottier, Bernard (1992b): *Théorie et analyse en linguistique*. Paris: Hachette.

Pottier, Bernard, Bernard Darbord y Patrick Charaudeau (1994): *Grammaire explicative de l'espagnol*. Paris: Nathan.

Quadri, Bruno (1952): *Aufgaben und Methoden der onomasiologischen Forschung. Eine entwicklungsgeschichtliche Darstellung*. Bern: A. Francke AG. Verlag.

Quemada, Bernard (1949): *Le Commerce amoureux dans les romans mondains (1640-1670)*, Thèse de doctorat de l'Université de Paris.

Rakotojoelimaria, Agathe (2004): *Esbozo de un diccionario de locuciones verbales español-malgache*, Tesis doctoral, Universidad de Alcalá.

Read, Allen Walker (1948): «An account of the word 'Semantics'», *Word*, 4, 78-97.

Real Academia Española (2001, 22.ª ed.): *Diccionario de la lengua española,* 2 vols. Madrid: Espasa-Calpe.

Reisig, Charles y Christian Karl (1839): «Semasiologie oder Bedeutungslehre», en Friedrich Haase (ed.), *Professor K. Reisig's Vorlesungen über lateinische Sprachwissenschaft*. Leipzig, 286-307.

Restrepo, Félix (1917): *El alma de las palabras. Diseño de semántica general*. Barcelona: Imprenta Editorial Barcelonesa.

Rey, Alain (1975): «Terminologies et "terminographie"», *Le banque des mots*, 10, 145-154.

Rey, Alain (1979): *La terminologie: noms et notions*. Paris: Presses Universitaires de France.

Rey, Alain (1988): «Terminologie et lexicographie», *Parallèles*, 10, 27-35.

Rey-Debove, Josette (1966): «La définition lexicographique: recherches sur l'équation sémique», *Cahiers de Lexicologie*, 8,1, 71-94.

Rodríguez Adrados, Francisco (1962): «Gramaticalización y desgramaticalización», *Estructuralismo e Historia. Miscelánea homenaje a André Martinet*, 3. La Laguna, 1-41.

Rodríguez Adrados, Francisco (1967): «Estructura del vocabulario y estructura de la lengua», *Problemas y principios del estructuralismo lingüístico*. Madrid: C.S.I.C., 193-229.

Rodríguez Adrados, Francisco (1968): «Gramática estructural y Diccionario», *Actas del III Congreso Español de Estudios Clásicos (Madrid, 1966)*. 3, Madrid, 7-34.

Rodríguez Adrados, Francisco (1971a): «La semántica estructural: estado actual y perspectivas», *Habis*, 2, 9-34.

Rodríguez Adrados, Francisco (1971b): «Subclases de palabras, campos semánticos y acepciones», *Revista Española de Lingüística,* 1,2, 335-354.

Rodríguez Adrados, Francisco (1972a): «Tesis doctorales de orientación estructuralista dirigidas por el Dr. R. Adrados», *Revista Española de Lingüística,* 2,2, 409-425.

Rodríguez Adrados, Francisco (1972b): «La investigación del significado, tarea de la nueva lingüística», *Studia hispanica in honorem R. Lapesa,* I. Madrid: Gredos, 501-521.

Rodríguez Adrados, Francisco (1974a, 2.ª ed.): *Evolución y estructura del verbo indoeuropeo,* 2 vols. Madrid: C.S.I.C.

Rodríguez Adrados, Francisco (1974b, 2.ª ed.): *Lingüística estructural,* 2 vols. Madrid: Gredos.

Rodríguez Adrados, Francisco (1975): *Estudios de semántica y sintaxis.* Barcelona: Planeta.

Rodríguez Adrados, Francisco (1980, 2.ª ed.): *Lingüística estructural,* 2 vols. Madrid: Gredos.

Rodríguez Díez, Bonifacio (1988): «Neutralización y sincretismo», *Contextos,* 11, 79-90.

Rodríguez Díez, Bonifacio (1989): «Neutralización y sincretismo», *Revista Española de Lingüística,* 19,1, 171.

Rodríguez Díez, Bonifacio (1990): «Sobre la aplicación del recurso a la 'neutralización' en gramática», en M.ª Ángeles Álvarez Martínez (ed.), *Actas del Congreso de la Sociedad Española de Lingüística. XX Aniversario.* Madrid: Gredos, 1052-1060.

Rodríguez Díez, Bonifacio (1992): «Neutralización y sincretismo», *Actes XVIIe Colloque International de Linguistique Fonctionnelle (León, 5-10 julliet 1990).* León: Universidad de León, 97-99.

Rodríguez Díez, Bonifacio (1994): «Syncretism and Neutralization in the Domain of Grammar», en Antonio Briz y Manuel Pérez Saldanya (eds.), *LynX. vol. 4: Categories and Functions.* University of Minnesota, Universitat de València, 27-65.

Rodríguez-Piñero Alcalá, Ana Isabel (2002): *La parasinonimia en el marco de las relaciones léxicas,* Tesis de licenciatura. Cádiz: Universidad de Cádiz.

Rodríguez-Piñero Alcalá, Ana Isabel (2003): *Caracterización lingüística de la parasinonimia: sus analogías y diferencias con otras relaciones léxicas,* Tesis doctoral. Cádiz: Universidad de Cádiz.

Rodríguez-Piñero Alcalá, Ana Isabel (2007): *La relación léxica de la parasinonimia.* Cádiz: Universidad de Cádiz.

Rojo, Guillermo (1979): «La función sintáctica como forma del significante», *Verba,* 6, 107-153.

Rojo, Guillermo (1983): *Aspectos básicos de sintaxis funcional.* Málaga: Agora.

Ruiz Gurillo, Leonor (1997): *Aspectos de fraseología teórica española.* Valencia: Universitat de València, Anejo n.º XXIV de Cuadernos de Filología.

Sager, Juan C. (1988): «The status of terminology as an independent discipline», *Parallèles,* 10, 21-23.

Sager, Juan C. (1993): *Curso práctico sobre el procesamiento de la terminología.* Madrid: Fundación G. Sánchez Ruipérez.

Salvador, Gregorio (1984): «Unidades léxicas poliparadigmáticas», *Linguistische Arbeitsberichte,* 45, 69-77.

Salvador, Gregorio (1985a): «Lexemas puente y lexemas sincréticos», *Semántica y lexicología del español.* Madrid: Paraninfo, 42-50.

Salvador, Gregorio (1985b): *Semántica y lexicología del español. Estudios y lecciones*. Madrid: Paraninfo.

Salvador, Gregorio (1985c): «Sí hay sinónimos», *Semántica y lexicología del español*. Madrid: Paraninfo, 51-66.

Salvador, Gregorio (1988): «Lexemática histórica», *Actas del I Congreso Internacional de Historia de la Lengua Española (Cáceres, 1987)*, 1, 635-646.

Salvador, Gregorio (1989-90): «Las solidaridades lexemáticas», *Revista de Filología de la Universidad de La Laguna*, 8-9, 339-365.

Sánchez Ruipérez, Martín (1953): «The neutralization of morphological oppositions as illustrated by the neutral aspect of the present indicative in classical Greek», *Word*, 9, 241-252.

Sánchez Ruipérez, Martín (1954): *Estructura del sistema de aspectos y tiempos del verbo griego antiguo. Análisis funcional sincrónico*. Salamanca: Universidad de Salamanca.

Sánchez-Saus Laserna, Marta (2012): «Fundamentos historiográficos de los *centros de interés* del léxico disponible: los tipos de contenido léxico de la semántica histórica», en Elena Battaner Moro, Vicente Calvo Fernández y Palma Peña Jiménez (eds.), *Historiografía Lingüística: Líneas actuales de Investigación*, 2 vols. Münster: Nodus Publikationen, 86-101.

Sánchez-Saus Laserna, Marta (2019): *Centros de interés y capacidad asociativa de las palabras*. Sevilla: Editorial Universidad de Sevilla, Colección Lingüística.

Sánchez-Saus Laserna, Marta (2023a): «Análisis terminológico del concepto 'contagio' y sus equivalentes en la semántica histórica», en Miguel Casas Gómez y Carmen Varo Varo (coords.), *La terminología de la semántica*. Sevilla: Editorial Universidad de Sevilla, Colección Lingüística, n.º 83, 155-178.

Sánchez-Saus Laserna, Marta (2023b): «Contagio y consociación. Dos conceptos claves en la semántica diacrónica y los estudios sobre cambio semántico», *Onomázein*, 59, 134-159.

Schippan, Thea (1975 [1972] 2.ª ed.): *Einführung in die Semasiologie*. Leipzig.

Schmidt, Lothar (ed.) (1973): *Wortfeldforschung. Zur Geschichte und Theorie des sprachlichen Feldes*. Darmstadt: Buchgesellschaft Wissenschaftliche.

Schogt, Henry Gilius (1972): «Synonymie et signe linguistique», *La Linguistique*, 8,2, 5-38.

Schogt, Henry Gilius (1989): «La sémantique axiologique quinze ans après ses débuts», *Alfa*, 2, 51-59.

Seiffert, Lennart (1968a): «Neo-Humboldtian semantics in perspective: 'Sprache und Gemeinschaft'», *Journal of Linguistics*, 4, 93-108.

Seiffert, Lennart (1968b): *Wortfeldtheorie und Strukturalismus*. Stuttgart: Kohlhammer.

Senabre, Ricardo (1971): «El eufemismo como fenómeno lingüístico», *Boletín de la Real Academia Española*, 51, 175-189.

Söll, Ludwig (1966): «Synonymie und Bedeutungsgleichheit», *Germanisch-Romanische Monatschrift*, 47,16, 90-99.

Sperber, Hans (1923): *Einführung in die Bedeutungslehre*. Bonn, Leipzig: Kurt Schroeder Verlag.

Stern, Gustave (1931): *Meaning and Change of Meaning. With Special Reference to the English Language*. Bloomington: Indiana University Press.

Struck, Erdmann (1954 [1940] 2.ª ed.): *Bedeutungslehre. Grundzüge einer lateinischen und griechischen Semasiologie*. Leipzig, Berlin (2.ª ed. Stuttgart).

Svoboda, Karel (1960): «Sur la classification des changements sémantiques», *Le français moderne*, 28,4, 249-258.

Swiggers, Pierre (1983): «Sémasiologie et Onomasiologie: opposition, recouvrement et complémentarité», en Christian Angelet, Ludo Melis, Frans-Josef Mertens y Franco Musarra (eds.), *Langue, dialecte, littérature. Études romanes à la mémoire de Hugo Plomteux*. Louvain, 431-438.

Szemerényi, Oswald (1986): *Direcciones de la lingüística moderna II. Los años cincuenta (1950-1960)*. Madrid: Gredos.

Tappolet, Ernst (1895): *Die romanischen Verwandtschaftsnamen. Mit besonderer Berücksichtigung der französischen und italienischen Mundarten. Ein Beitrag zur vergleichenden Lexikologie*. Diss. Zürich, Strassburg.

Trier, Jost (1931): *Der deutsche Wortschatz im Sinnbezirk des Verstandes. Die Geschichte eines sprachlichen Feldes, I: Von den Anfangen bis zum Beginn des 13. Jahrhunderts*. Heidelberg: Carl Winter.

Trier, Jost (1932): «Sprachliche Felder», *Zeitschrift für Deutsche Bildung*, 8, 417-427.

Trier, Jost (1934): «Das sprachliche Feld. Eine Auseinandersetzung», *Neue Jahrbücher für Wissenschaft und Jugendbildung*, 10, 428-449.

Trier, Jost (1968): *Altes und Neues vom sprachlichen Feld*, Mannheim. Zürich: Im Dudenverlag des Bibliographischen Instituts.

Tristá Pérez, Antonia M.ª (1998a): «La fraseografía y el *Diccionario de fraseografía cubana*», en M.ªTeresa Fuentes Morán y Reinhold Werner (eds.), *Lexicografías iberorrománicas: problemas, propuestas y proyectos*. Madrid, Frankfurt am Main: Iberoamericana/Vervuert, 169-183.

Tristá Pérez, Antonia M.ª (1998b): «Organización do material fraseolóxico nun diccionario xeral: problemas e alternativas», en Xesús Ferro (ed.), *Actas do I Coloquio Galego de Fraseoloxía*. Vigo: Xunta de Galicia, 115-126.

Tristá Pérez, Antonia M.ª (1998c): «La fraseología y la fraseografía», en Gerd Wotjak (ed.), *Estudios de fraseología y fraseografía del español actual*. Madrid, Frankfurt am Main: Iberoamericana/Vervuert, 297-305.

Trnka, Bohumil (1983): «Personal recollections of V. Mathesius and his circle», *Theoretical Linguistics*, 10, 2-3, 249-252.

Trnka, Bohumil, Josef Vachek, Nikolái Serguéievich Trubetzkoy, Vilem Mathesius y Roman Jakobson (1980, 2.ª ed.): *El Círculo de Praga*. Edición a cargo de J. A. Argente. Barcelona: Anagrama.

Trubetzkoy, Nikolái Serguéievich (1964): *Principes de phonologie*. Paris: Klincksieck.

Trubetzkoy, Nikolái Serguéievich (1973): *Principios de fonología*. Madrid: Cincel.

Trujillo, Ramón (1970): *El campo semántico de la valoración intelectual en español*. La Laguna: Universidad de La Laguna.

Trujillo, Ramón (1972a): «À propos du concept de forme du contenu», *Cahiers de Lexicologie*, 20, l, 3-11.

Trujillo, Ramón (1972b): «Gramática, lexicología y semántica», *Revista Española de Lingüística*, 2,1, 103-109.

Trujillo, Ramón (1974): «El lenguaje de la técnica», *Doce ensayos sobre el lenguaje*. Madrid: Rioduero / Fundación Juan March, 197-211.

Trujillo, Ramón (1975): «Las unidades semánticas y su delimitación», *Revista Española de Lingüística*, 5,2, 303-314.

Trujillo, Ramón (1976): *Elementos de semántica lingüística*. Madrid: Cátedra.

Trujillo, Ramón (1983a): «El signo: ¿Cosa que se pone en lugar de otra?», *Serta Philologica F. Lázaro Carreter. Natalem diem sexagesimum celebranti dicata,* 1. Madrid: Cátedra, 613-623.

Trujillo, Ramón (1983b): «La semántica», en Francisco Abad Nebot y Antonio García Berrio (coords.), *Introducción a la lingüística*. Madrid: Alhambra, 185-215.

Trujillo, Ramón (1988): *Introducción a la semántica española*. Madrid: Arco/Libros.

Trujillo, Ramón (1996): *Principios de semántica textual. Los fundamentos semánticos del análisis lingüístico*. Madrid: Arco/Libros.

Trujillo, Ramón (1997): «El papel de la realidad en la semántica», en Miguel Casas Gómez (dir.) y Jacinto Espinosa García (ed.), *II Jornadas de Lingüística (Cádiz, 22 y 23 de octubre de 1996)*. Cádiz: Universidad de Cádiz, 31-51.

Ullmann, Stephen (1951): *Words and their use*. London: Frederick Muller Ltd.

Ullmann, Stephen (1952): *Précis de sémantique française* Berne: Éditions A. Francke S.A.

Ullmann, Stephen (1956): «The concept of meaning in linguistics», *Archivum Linguisticum*, 8,1, 12-20.

Ullmann, Stephen (1957, 2.ª ed.): *The Principles of Semantics*. Oxford, Glasgow: Basil Blackwell, Jackson, Son & Co.

Ullmann, Stephen (1964a): *Semantics. An Introduction to the Science of Meaning*. Oxford: Basil Blackwell.

Ullmann, Stephen (1964b): *Language and Style*. Oxford: Basil Blackwell.

Ullmann, Stephen (1973): *Meaning and Style*. Oxford: Basil Blackwell.

Ullmann, Stephen (1974, reimp.): *Introducción a la semántica francesa*. Traducción y anotación por Eugenio de Bustos Tovar. Madrid: C.S.I.C.

Ullmann, Stephen (1976, 2.ª ed.): *Semántica. Introducción a la ciencia del significado*. Madrid: Aguilar.

Ureña Tormo, Clara (2019): «La enseñanza de las unidades fraseológicas desde la lingüística cognitiva», Tesis doctoral internacional, Vrije Universiteit Brussels / Universidad de Alcalá.

Ureña Tormo, Clara (2024): *Fraseología, lingüística cognitiva y español LE/L2*. Oxford: Routledge.

Van der Lee, Anthony y Oskar Reichmann (eds.) (1973): *Jost Trier. Aufsätze und Vorträge zur Wortfeldtheorie*. The Hague, Paris: Mouton.

Van Orman Quine, Wiliard (1968): *Palabra y Objeto*. Barcelona: Labor.

Van Orman Quine, Wiliard (1986): *La relatividad ontológica y otros ensayos*. Madrid: Tecnos.

Varo Varo, Carmen (2002): *La antonimia léxica. Criterios para una caracterización tipológica de los antónimos*, Tesis doctoral. Cádiz: Universidad de Cádiz.

Varo Varo, Carmen (2003): *La polaridad en el lenguaje*. Cádiz: Universidad de Cádiz.

Varo Varo, Carmen (2005): «Bases para la descripción y clasificación de los antónimos léxicos», *Estudios de Lingüística del Español (ELiEs)* 23. http://elies.rediris.es/elies23

Varo Varo, Carmen (2007a): *La antonimia léxica*. Madrid: Arco/Libros.

Varo Varo, Carmen (2007b): «Razones para un enfoque cognitivo de la antonimia», en Pablo Cano López, Isabel Fernández López, Miguel González Pereira, Gabriela Prego Vázquez y Montserrat Souto Gómez (eds.), *Actas del VI Congreso de Lingüística General (Santiago de Compostela, 3-7 de mayo de 2004), vol. II.B: Las lenguas y su estructura*. Madrid: Arco/Libros, 2281-2289.

Varo Varo, Carmen (2010): «El procesamiento de las relaciones léxicas», *Revista española de lingüística*, 40,1, 149-171.

Varo Varo, Carmen (2012a): «La delimitación de las relaciones léxicas en el marco del diccionario», *Revista de Lexicografía*, XVIII, 221-232.

Varo Varo, Carmen (2012b): «Las relaciones léxicas en la lexicografía hispánica», en Patrizia Botta y Susana Pastor (eds.), *Rumbos del hispanismo en el umbral del Cincuentenario de la Asociación Internacional de Hispanistas*, vol. VIII. Lengua. Roma: Bagatto Libri, 8, 312-320.

Vassilyev, L. M. (1974): «The theory of semantic fields: a survey», *Linguistics*, 137, 79-93.

Vázquez Veiga, Nancy (1995-96): «Los marcadores discursivos en las obras lexicográficas», *Revista de Lexicografía*, 2, 133-149.

Von Wartburg, Walther (1951): *Problemas y métodos de la lingüística*. Traducción de D. Alonso y E. Lorenzo. Anotación por D. Alonso. Madrid: C.S.I.C.

Wagner, Claudio (1982): «À propos de l'analyse sémique», *Cahiers de Lexicologie,* 40,1, 11-26.

Warren, Beatrice (1992): «What Euphemisms Tell us about the Interpretation of Words», *Studia Linguistica*, 46,2, 128-172.

Weisgerber, Leo (1927): «Die Bedeutungslehre – ein Irrweg der Sprachwissenschaft?», *Germanisch-Romanische Monatschrift,* 15,5-6, 161-183.

Weisgerber, Leo (1951-52): «Zur innersprachlichen Umgrenzung der Wortfelder ('veranstalten' und 'stattfinden')», *Wirkendes Wort,* 2, 138-143.

Weisgerber, Leo (1954): «Die Sprachfelder in der geistigen Erschliessung der Welt», *Festschrift für Jost Trier zu seinem 60. Geburtstag am 15. Dezember 1954*. Meisenheim / Glan, 34-49.

Weisgerber, Leo (1962a, 3.ª ed.): *Grundzüge der inhaltbezogenen Grammatik*. Düsseldorf: Pädagogischer Verlag Schwann.

Weisgerber, Leo (1962b, 3.ª ed.): *Die sprachliche Gestaltung der Welt*. Düsseldorf: Pädagogischer Verlag Schwann.

Weisgerber, Leo (1963): *Die vier Stufen in der Erforschung der Sprachen*. Düsseldorf: Pädagogischer Verlag Schwann.

Weisgerber, Leo (1964): «Zum Sinnbezirk des "Geschehens" im heutigen Deutsch», en William Foerste y Karl Heinz Borck (eds.), *Festschrift fiir Jost Trier zum 70. Geburtstag*, Köln, Graz, 23-46.

Weisgerber, Leo (1979): *Dos enfoques del lenguaje. «Lingüística» y ciencia energética del lenguaje*. Madrid: Gredos.

Wells, Robin (1958): «Is a structural treatment of meaning possible?», *Proceedings of the Eighth International Congress of Linguists*. Oslo, 654-666.

Welte, Werner (1985): *Lingüística moderna. Terminología y bibliografía*. Versión española de Francisco Meno Blanco. Madrid: Gredos.

Widłak, Stanisław (1968): «Le fonctionnement de l'euphémisme et la théorie du champ linguistique: domaine roman», *Actas del XI Congreso Internacional de Lingüística y Filología Románicas (Madrid, 1965)*, 2, 1031-1052.

Widłak, Stanisław (1970): *Moyens euphémistiques en italien contemporain*. Kraków: Nakładem Uniwersytetu Jagiellońskiego.

Widłak, Stanisław (1972): *Alcuni aspetti strutturali del funzionamento dell'eufemismo. Antonimia, sinonimia, omonimia e polisemia*. Wrocław, Warszawa. Kraków, Gdańsk: Accademia Polacca delle Scienze.

Widłak, Stanisław (1992): *Fra lessicologia e stilistica. Problemi di lessicologia e di stilistica dell'italiano e di altre lingue romanze*. Cracovia: «Universitas».

Wiegand, Herbert Ernst (1984): «On the Structure and Contents of a General Theory of Lexicography», en Reinhard Rudolf Karl Hartmann (ed.), *LEXeter'83 Proceedings. Papers from the International Conference on Lexicography at Exeter, 9-12 September 1983*. Tubingen: Niemeyer, 13-30.

Wölfflin, Eduard (1900): «Euphemismus als Grund der Ellipse», *Archiv für lateinische Lexikographie*, 11, 26.

Wotjak, Gerd (1983): «En torno a la traducción de unidades fraseológicas (con ejemplos tomados del español y el alemán)», *Linguistische Arbeitsberichte*, 40, 56-80.

Wotjak, Gerd (1990): «Fundamentos metodológicos para una descripción modular integrativa del potencial comunicativo de los verbos», *Verba*, 32, 265-285.

Wotjak, Gerd (1992): «Acerca del potencial comunicativo de las unidades léxicas o qué se tiene al pedir vianda(s)», en Elizabeth Luna Traill (ed.), *Scripta Philologica in honorem Juan M. Lope Blanch*, II. México: UNAM, 257-271.

Wotjak, Gerd (1994): «Acerca del potencial comunicativo de las unidades léxicas (UL)», *Voz y Letra*, 5,1, 155-173.

Wotjak, Gerd (1997): «Algunas observaciones acerca del significado léxico», en Manuel Almeida y Josefa Dorta (eds.), *Contribuciones al estudio de la lingüística hispánica. Homenaje al profesor Ramón Trujillo*. Barcelona: Montesinos, 255-276.

Wotjak, Gerd (1998a): «Acerca del potencial comunicativo de las unidades fraseológicas idiomáticas y no-idiomáticas», *Cicle de Conferències 96-97. Lèxic, corpus i diccionaris*. Barcelona: Universitat Pompeu Fabra, 155-180.

Wotjak, Gerd (ed.) (1998b): *Estudios de fraseología y fraseografía del español actual*. Madrid, Frankfurt am Main: Iberoamericana, Vervuert.

Wotjak, Gerd (1999): «Acerca del aporte de las unidades léxicas al sentido comunicativo del texto», en Pedro Carbonero Cano, Manuel Casado Velarde y Pilar Gómez Manzano (eds.), *Lengua y discurso. Estudios dedicados al profesor Vidal Lamíquiz*. Madrid: Arco/Libros, 1031-1045.

Wotjak, Gerd (2001): «Was kann eine Moderne Lexikbeschreibung für die Textbeschreibung leisten?», en Hartmut Schröder *et al.* (eds.), *Linguistik als Kulturwissenschaft. Festschrift für Bernd Spillner zum 60 Geburtstag*. Frankfurt: Peter Lang, 55-77.

Wotjak, Gerd (2004): «La medioestructura: acerca de la sememización de "extensiones conceptuales" y su reflejo en el diccionario», en Milka Villayandre Llamazares (ed.), *Actas del V Congreso de Lingüística General*, III. Madrid: Arco/Libros, 2795-2821.

Wotjak, Gerd (2006a): «Zur Beschreibung der Inhaltsebene sprachlicher Zeichen. Im Spannungsfeld zwischen Sprachverwendung und Sprachbesitz: Rede(text)–, Norm– und Systembedeutungen», en Wolf Dietrich, Ulrich Hoinkes, Bàrbara Roviró y Matthias

Warnecke (eds.): *Lexikalische Semantik und Korpuslinguistik. Akten der Geckelerge-denktagung.* Tübinger Beiträge zur Linguistik 490. Tübingen: Narr, 67-94.

Wotjak, Gerd (2006b): *Las lenguas, ventanas que dan al mundo. El léxico como encrucijada en-tre morfosintaxis y cognición: aspectos semánticos y pragmáticos en perspectiva intra e interlingüística.* Salamanca: Ediciones Universidad de Salamanca.

Wüster, Eugen (1969): «Die vier Dimensionen der Terminologiearbeit», *Mitteilungsblatt für Dolmetscher und Übersetzer,* 15, 2.

Wüster, Eugen (1979): *Einführung in die allgemeine Terminologielehre und terminologische Le-xikographie.* Wien: Springer.

Wüster, Eugen (1998): *Introducción a la teoría general de la Terminología y a la lexicografía ter-minológica.* Versión española dirigida por M.ª Teresa Cabré. Barcelona: Institut Univer-sitari de Lingüística Aplicada, Universitat Pompeu Fabra.

Xatara, Claudia (2011): «Les avantages de la perspective onomasiologique pour la phraséo-graphie», en Antonio Pamies, Lucía Luque Nadal y José Manuel Pazos (eds.), *Multi-lingual Phraseography: Translation and Learning Applications,* vol. 2. Baltmannsweiler: Schneider Verlag, 129-137.

Zauner, Adolf (1903): «Die romanischen Namen der Körperteile. Eine onomasiologische Stu-die», *Romanische Forschungen,* 14, 339-530.

Zuluaga, Alberto (1980): *Introducción al estudio de las expresiones fijas.* Frankfurt am Main: Peter Lang.

Zvegincev, Vladimir Andrejevic (1957): *Semasiologija.* Moskva.